Jeanne d'Arc : les étapes d'une gloire religieuse

Jeanne d'Arc : les étapes d'une gloire religieuse

Georges Goyau

Editions Le Mono

Collection «*Les Pages de l'Histoire* »

Connaître le passé peut servir de guide au présent et à
l'avenir.

ISBN : 978-2-36659-449-2
EAN : 9782366594492

Partie I

L'église au XVè siècle et la mission de Jeanne

Une fille de France, qui, jadis au nom d'une prédestination religieuse, réalisa comme une mission religieuse le salut de sa patrie, est désormais qualifiée de sainte par l'autorité romaine. Un saint Canut en Danemark, un saint Etienne en Hongrie, en Castille un saint Ferdinand, furent des héros nationaux qui, tout en même temps, dévouèrent leur vie aux intérêts de l'Église : les honneurs qu'ensuite elle leur décerna mirent en lumière, non pas les services qu'ils rendaient à leur peuple, mais les services qu'elle-même leur devait. Tout autre est la carrière de Jeanne d'Arc. La grande obligée de cette jeune fille, la puissance qu'elle servit pour servir Dieu, ce fut la France ; et de ses déclarations l'Eglise a conclu que son devoir même d'état, imposé par ses « voix » l'amenait à se comporter en héroïne nationale.

Le verdict du pape Benoît XV achève et couronne un travail de près de cinq siècles, presque aussitôt interrompu par une abominable tragédie, et souvent retardé par de longues périodes de lenteur, mais qui ne fut jamais complètement déserté, et qui s'opéra, simultanément, dans l'opinion des hommes d'Eglise et dans la conscience du peuple chrétien. Nous voudrions assister aux divers épisodes de ce travail, écouter parler l'Eglise, écouter prier le peuple, surprendre les manifestations de piété qui préparèrent les décisions ecclésiastiques, et suivre ainsi la genèse d'une gloire religieuse à laquelle, ni dans la vie des saints, ni dans l'histoire des peuples, aucune autre ne peut être comparée.

I. Les premiers témoins de Jeanne : les curés des Marches de l'est.

Cette gloire commence à Domrémy. En ce village, aux alentours de 1425, Jeanne dite Jeannette avait pour curé M. Guillaume Front, qui souvent l'entendait en confession. Plus tard, quand elle fut célèbre, M. Front disait d'elle : « C'était une fille bonne et simple, dévote, bien à ses devoirs, craignant Dieu ; elle n'avait pas sa pareille dans le village. » Il ajoutait ce détail : « Si elle avait eu de l'argent, elle me l'aurait donné pour en faire célébrer des messes ; du moins, toutes les fois que je célébrais, elle y assistait toujours. »

Voilà le souvenir que laissa Jeanne au premier personnage qui pour elle représenta l'Eglise : son curé. Et d'autres prêtres du cru, les « discrètes personnes Henri Arnolin et Dominique Jacob, » devaient, eux aussi, se rappeler sa piété, sa sagesse, sa vertu, et plus tard les attester. L'Eglise, à Domrémy, estimait donc en Jeanne une petite paroissienne fort édifiante : de ses voix, de sa mission, ces divers prêtres ne nous ont rien dit, soit qu'ils n'en aient rien su, soit qu'informés en confession ils aient eu le devoir de se taire.

La madone souterraine de la collégiale de Vaucouleurs eut souvent pour visiteuse, en janvier et février 1429, une enfant de seize ans, qui vivait sous le toit du ménage Le Royer, et qui, de semaine en semaine, s'y attardait mystérieusement. Le petit monde ecclésiastique de l'endroit eut tôt fait de remarquer Jeanne, et « discrète personne Jean Colin, » qui la confessa, trouvait en elle, — il en témoignera plus tard, — les « signes d'une bonne catholique et chrétienne parfaite. » Il est à supposer qu'avant ce diagnostic Jean Colin avait dû regarder de très près, car les propos tenus par la fillette à Robert de Baudricourt, capitaine de la ville, induisaient Baudricourt à flairer en elle quelque chose de diabolique.

Voire même, M. Jean Fournier, curé de céans, à qui Jeanne s'était également confessée, fut mobilisé par le capitaine pour tenter une expérience. Ils firent irruption l'un et l'autre, le représentant de Dieu et le représentant du Dauphin, chez Mme Le Royer ; et M. Fournier, qui portait l'étole, dit à Jeanne : « Si vous êtes chose mauvaise, éloignez-vous ; si vous êtes bonne, approchez-vous. » Baudricourt, alors, vit Jeanne se traîner près de M. Fournier, jusqu'à ses genoux. Elle ne s'enfuyait pas, comme le diable l'eût fait, devant les signes sacrés faits avec l'étole. Les audacieux desseins de Dieu sur Jeanne et sur la France, tels qu'elle les avait confiés au gouverneur de Vaucouleurs, n'étaient donc pas des inspirations du Malin ; et l'intuition qu'elle avait, au moment même où il se produisait, d'un échec militaire subi par les troupes de Charles VII, n'était donc pas une révélation démoniaque. M. Fournier, curé, pouvait en donner à Baudricourt l'assurance ; et c'est à l'abri de ce premier verdict d'Eglise que Jeanne s'éloigna vers les rives de la Loire.

II. Les premiers juges de Jeanne : les examinateurs de Poitiers.

Là-bas, près de Charles VII, des examens plus solennels s'imposaient. La situation du royaume était désespérée. Réglementant au Puy les fêtes du jubilé, les consuls gémissaient : « Sauf correction de ceux qui mieux savent, temps ne fut jamais si plein de périls ni d'alarmes. » Et voilà qu'une pucelle survenait, avec cette consigne, avec cette certitude de sauver la France : elle parlait à Charles VII de certains secrets, que lui seul et Dieu savaient. Dieu m'envoie, insistait-elle ; et Charles, troublé, se tournant vers les théologiens, leur demandait : Est-ce vrai ?

Une curieuse tapisserie du quinzième siècle, conservée au *Musée Johannique* d'Orléans, représente Jeanne chevauchant avec ses compagnons vers le château de Chinon : Charles VII, à pied, sort pour l'accueillir. Un des pages de Jeanne tient une banderole, sur laquelle se lisent en vieil allemand ces mots triomphants : « Ici vient la Vierge envoyée de Dieu au Dauphin dans sa Cour. » Sur le fond de la tapisserie, semé de fleurs, vingt-cinq soleils resplendissent, dont seize sont comme concentrés sur la tête de Jeanne. L'artiste, peut-être, voulait ainsi marquer que c'était par Jeanne, et après l'avoir elle-même inondée, que les lumières célestes parvenaient au roi. Mais étaient-ce bien d'authentiques lumières célestes ? La parole était aux théologiens. Il fut arrêté, nous dit la *Chronique de la Pucelle*.

Que quelques docteurs en théologie l'entretiendraient et l'examineraient, et qu'il y aurait avec eux des canonistes et des légistes, et ainsi il fut fait… Quand elle parlait de ce dont elle était chargée de par Dieu, c'était chose merveilleuse comme elle parlait grandement et notablement, vu qu'en autres choses elle était la plus simple bergère qu'on vît jamais.

On l'observait dans toute sa vie : on la constatait sobre, dévote, tempérante. Et les théologiens flottaient entre la peur de refuser une aide divine et la peur d'encourager une illusion. L'écho de leurs perplexités parvint jusqu'à l'archevêché d'Embrun, qui avait alors pour titulaire Jacques Gelu.

C'était un personnage fort écouté. Depuis longtemps, la Cour et l'Église lui confiaient des missions illustres. S'agissait-il d'avoir pour la France l'alliance de la Castille, ou de négocier de la part d'un concile l'abdication d'un pape : on expédiait Gelu. Le professorat du droit canon, la carrière de magistrat, l'avaient acheminé vers les plus hautes cimes d'Église, et jusqu'en vue du faîte souverain, la chaire même de Pierre : car à Constance, lorsqu'on avait créé un pape, huit voix s'étaient portées sur Gelu. En ce printemps de 1429, il regardait d'Embrun vers Chinon, vers le pauvre morceau de France qui restait au roi de France ; et ce qu'on lui écrivait de là-bas l'embarrassait fort.

Car il savait qu'une fille, une paysanne, nourrie dans la solitude, est susceptible d'illusions ; et puis il avait lu, dans les histoires, qu'une femme avait voulu empoisonner Alexandre. Gelu tremblait pour le prestige du Roi, pour son orthodoxie, pour sa vie. Charles VII, en écoutant cette pucelle, n'allait-il pas se rendre ridicule aux nations étrangères ? ou se laisser leurrer par la messagère de quelque hérésie nouvelle ? Gelu suppliait que le Roi ne conversât pas seul avec elle. Mais ces précautions une fois conseillées, Gelu disait : « Il est autant aisé à Dieu de vous mettre en mains la victoire avec peu qu'avec beaucoup de forces, par le bras et l'exploit des filles et des femmes, non moins que par celui des hommes. » Trop bon théologien pour s'offusquer de ce qu'il peut y avoir d'imprévu dans les conseils divins et de paradoxal dans les miracles qui s'y concertent, Gelu concluait qu'il fallait que le roi jeûnât, et vaquât à ses exercices de piété, pour être éclairé du ciel et préservé d'erreurs. C'était un sage que l'archevêque d'Embrun, oh ! combien sage ! Mais sans doute, sous la mitre, avait-il assez médité sur la « folie de la croix, » pour admettre que Dieu pût ici-bas faire d'autres « folies. »

Embrun, questionné, avait finalement répondu par un point d'interrogation. les théologiens de Chinon furent d'avis qu'on menât Jeanne à Poitiers, où avaient émigré les universitaires parisiens fidèles à Charles, et que, là, on l'examinât encore. « J'aimerais bien mieux être auprès de ma pauvre mère, disait-elle, car ce n'est pas mon état ; mais il faut que j'aille, parce que Messire veut que je fasse ainsi… » Messire, c'était le Christ, dont elle allait dire aux théologiens la volonté.

Regnault de Chartres, archevêque de Reims et chancelier de France, les convoqua. C'était un politique : transplantée dans un monde supérieur à celui des intrigues humaines, son intelligence vacillait. Il y avait autour de lui, entre autres docteurs, les évêques de Poitiers et de Maguelonne, Gérard Machet, confesseur du roi, futur évêque de Castres, et qui sera l'un des défenseurs de la Pragmatique Sanction, le bénédictin Pierre de Versailles, futur évêque de Meaux, qui plus tard représentera le pape Eugène IV auprès des Grecs et du roi de France. Curieuse destinée que celle de Pierre de Versailles ! En 1412 ou 1413, séjournant à l'abbaye orléanaise de Micy, il avait, « pour remplir, disait-il, son devoir envers la patrie et le royaume, *erga patriam et regnum*, » prié l'ancien prévôt Juvénal des Ursins de faire comprendre au Dauphin que Dieu sauverait un jour son peuple comme jadis, par l'envoi de Moïse, il avait sauvé Israël. Et voici qu'allait comparaître devant lui celle qui se déclarait envoyée pour l'œuvre de salut : allait-il reconnaître, en elle, cet autre Moïse, que depuis dix-sept ans, son espérance attendait ? Deux inquisiteurs, les Frères Prêcheurs Aimeri et Turelure, étaient mandés également : on avait besoin de tout leur flair.

Le docte aréopage s'en fut chez maître Rabateau, avocat général au parlement, dont la « bonne femme » avait la garde de Jeanne. Deux heures durant, sise au bout d'un banc, Jeanne écouta les « belles et douces raisons » par lesquelles on lui remontra qu'on ne la devait point croire. « Elle répondait avec beaucoup de sagesse, comme l'aurait fait un bon clerc, » déclarera plus tard l'avocat Barbin ; et les docteurs étaient « grandement ébahis, comme si une simple bergère, jeune fille, pouvait ainsi prudemment répondre. » Le dialogue dura trois semaines : un registre en fut tenu, que les juges de Rouen auront plus tard entre les mains, et que nous voudrions tant, nous, tenir dans les nôtres ; il est, hélas ! disparu.

De ces colloques, quelques réponses surnagent, dans les dépositions que firent au tribunal de réhabilitation, vingt-sept ans après, certains examinateurs de Poitiers. Un d'eux, le frère prêcheur Seguin de Seguin, un « bien aigre-homme, » ne garda cependant aucune aigreur d'une réponse que lui fit Jeanne. Dans son parler de Limousin, où les mots provençaux devaient se mêler aux mots français, il demandait à Jeanne en quelle langue s'exprimaient ses voix. Et la Pucelle de s'écrier : « Une langue meilleure que la vôtre. » Un autre examinateur lui disait : « Qu'avez-vous besoin de gens d'armes ? Le seul plaisir de Dieu peut déconfire les Anglais et les faire aller en leur pays. » — « Les gens d'armes combattront, expliquait-elle, et Dieu donnera la victoire. » Et l'on était déconcerté par tout ce qu'il y avait de bon sens chez cette illuminée. On savait par ailleurs, — des enquêtes faites à Domrémy l'avaient appris, — combien elle était pure, et combien pieuse. Alors parmi ces juges qui d'abord, pour la tâter, avaient voulu la faire douter d'elle-même, il s'en trouva pour rechercher des prophéties qui d'avance la justifiassent, et ils en découvrirent. Maître Jean Erault révélait qu'une certaine recluse d'Avignon, Marie Robine, avait, à la fin du XIVe siècle, prophétisé les futurs exploits d'une Pucelle. Et d'autres gens doctes remontaient plus haut encore, jusqu'au prophétisme breton. Ainsi se dessinait une sorte de préhistoire surnaturelle, faisant avenue vers la vocation de Jeanne.

Mais enfin, cette vocation, qu'était-elle et que valait-elle ? D'heure en heure, le péril de la France s'aggravait ; les théologiens devaient conclure. Ils conclurent qu' « attendue la nécessité de lui et de son royaume, » Charles VII ne devait point « débouter ni déjeter la Pucelle. » L'Ecriture ordonnait qu'elle fût éprouvée par deux méthodes : que « par prudence humaine » on s'enquît de sa vie, et que « par dévote oraison » l'on requît des signes. Or il résultait, des enquêtes, qu' « en elle, on ne trouvait point de mal, fors que bien, humilité, virginité, dévotion, honnêteté, simplesse ; et de sa naissance et de sa vie, plusieurs choses merveilleuses étaient citées comme vraies. » Quant aux signes, on lui en avait demandé, et elle avait répondu qu'elle « démontrerait signe divin devant Orléans. » En conséquence, les théologiens décidaient : « Le Roi ne la doit point empêcher d'aller à Orléans avec ses gens d'armes, mais la doit faire conduire honnêtement, en espérant en Dieu, car le douter ou délaisser sans apparence de mal serait répugner au Saint-Esprit et se rendre indigne de l'aide de Dieu. »

Pour la troisième fois en mille ans, la cité de Poitiers venait de jouer un rôle décisif dans l'histoire universelle. Au ive siècle, Poitiers, ville épiscopale de saint Hilaire, avait été le quartier général de l'orthodoxie occidentale contre l'arianisme ; et c'est parce que la croyance poitevine avait vaincu, que le monde chrétien avait continué de croire que Jésus était Dieu. Au vin8 siècle, les campagnes avoisinant Poitiers avaient vu, devant le Martel, l'Arabe reculer ; et c'est grâce à la victoire de Poitiers que l'Europe, barricadée contre l'Islam, avait pu s'appeler la chrétienté. Au XVe siècle, le tête-à-tête entre une paysanne et quelques hommes d'Eglise, dans une maison de Poitiers, authentiquait la mission de la Pucelle : avec leur assentiment, elle allait agir pour le roi de France, « de par le roi du ciel ; » et ce fut en vertu de la décision ecclésiastique de Poitiers que Charles VII chargea Jeanne du salut de la France. Après la notion d'un Homme-Dieu, après la notion de chrétienté et l'existence même de la chrétienté, Poitiers, à la suite du témoignage rendu par quelques docteurs à la Pucelle, allait sauver la notion même de France et l'existence même de la France.

« D'azur, à la colombe d'argent, tenant en son bec une banderolle où étaient écrits ces mots : *De par le Roi du ciel,* » telles furent, d'après les informations consignées en son *Livre noir* par le greffier municipal de La Rochelle, les armes personnelles adoptées par Jeanne : elles exprimaient la merveilleuse investiture à laquelle venait d'adhérer la commission poitevine. Puisqu'elle marchait de par Dieu, elle voulait que devant elle Dieu marchât : tisserands et peintres, à Tours, furent vite au travail. Sur son pennon, qui ralliait l'état-major, l'Annonciation figura. Sur sa bannière, autour de laquelle accouraient, pour les exercices religieux, prêtres et soldats, apparaissait Jésus crucifié. Quant à l'étendard, destiné à rallier l'armée tout entière, et dont Jeanne concerta les détails d'après les indications de ses voix, nous en avons désormais au Musée johannique d'Orléans, grâce aux scrupuleuses recherches de M. le docteur Garsonnin, une reconstitution sérieuse : sur un fond de toile blanche, brodée de soie et décorée de fleurs de lis, Jésus trône dans l'attitude de majesté ; à ses côtés, des anges s'agenouillent ; à droite, on lit l'inscription *Jhesus-Maria* ; au revers, un semis de fleurs de lis.

Jésus annoncé, Jésus en croix, Jésus triomphant, conduisait ainsi la petite armée. Et dès le début de la chevauchée, pour se confesser presque chaque jour, pour communier souvent et se faire chanter la messe, Jeanne eut près d'elle un Hermite de Saint-Augustin, Jean Paquerel : il ne devait plus la quitter jusqu'au jour où elle tomba captive. Spectateur quotidien, il put lire, à l'œil nu, le beau livre qu'était son âme ; confesseur, elle l'aidait elle-même à lire plus avant, entre les lignes. Or, il déclarera plus tard, devant les juges de la réhabilitation, qu'elle pratiquait les bonnes œuvres et était pleine de toutes les vertus, que, blessée à l'épaule, elle refusait, de crainte que ce ne fût une offense à Dieu, d'être guérie pair incantation ; qu'elle avait une profonde compassion pour tous les pauvres soldats, fussent-ils Anglais ; et qu'elle était, à ses yeux, « envoyée de Dieu. » Ainsi déposera cet aumônier militaire, et sa parole justifiera les enquêteurs de Poitiers.

III. Commentaires d'église sur la délivrance d'Orléans.

Jeanne donna, devant Orléans, le signe qu'elle avait promis : le 8 mai 1429, la ville fut délivrée. Gelu, dans son archevêché des Alpes, conclut tout de suite que cette « chétive bergère » était l'instrument de la sagesse divine, et que le dauphin devait l'écouter. Des interpellateurs surgissaient, demandant à Dieu pourquoi il se servait d'une femme et non point d'un ange, et pourquoi, au lieu d'agir tout d'un coup, il agissait progressivement. Gelu remettait ces curieux à leur place, dans un traité latin qu'il dédiait à Charles VII. A ses yeux, plus de doute possible : la justice de la cause du Roi, la foi de ses prédécesseurs, toujours libérée de toute hérésie, les sanglots des opprimés, l'iniquité de la cause anglaise, la cruauté de la nation anglaise, expliquaient le geste de Dieu, qui, pour sauver la France, dépêchait Jeanne. La carrière de cette Pucelle, observait Gélu, « est celle d'une guerrière, et cependant rien de cruel ; elle est miséricordieuse envers tous ceux qui ont recours au Roi, envers les ennemis qui veulent rentrer dans leur pays. » Et l'archevêque d'Embrun, reprenant la vieille théorie canonique de la juste guerre, montrait comment les actes de Jeanne s'y conformaient.

Donc Charles devait la suivre, ce qui ne voulait pas dire que, pour le détail des opérations, il ne dût pas consulter la prudence humaine ; mais « c'est le conseil de la Pucelle qui devait être demandé et cherché principalement. » De Lyon, une voix faisait écho, qui trente années durant avait enfiévré la chrétienté : c'était la voix de Gerson. Il mettait alors un intervalle entre ses joutes conciliaires et la mort, en étudiant le *Cantique des Cantiques* : dans ces versets d'amour, il aimait à aimer Dieu, et rêvait d'être un jour interrompu, dans sa lecture, par une convocation du Maître, qui l'appellerait à venir achever là-haut la phrase ici-bas ébauchée. Mais lorsqu'il apprit à Lyon, six jours après l'événement, la prise d'Orléans, ce mystique qui déjà vivait entre ciel et terre redescendit sur terre ; et n'ayant plus que deux mois à vivre, il prit congé du Cantique qui parlait d'éternité, pour écrire sur la personnalité du jour, sur la Pucelle. Des sphères célestes où déjà planait sa pensée, ce vieillard, tout d'un coup, retombait dans l'actualité. Mais c'était pour conclure : « Cela a été fait par le Seigneur ; il est pieux, salutaire, dans l'ordre de la foi et de la bonne dévotion, de se déclarer pour cette Pucelle. » Il l'a justifiait contre ceux que ses vêtements d'homme faisaient grimacer, et il redisait : « Voilà l'éclatante, la prodigieuse inauguration d'une aide divine. » Jusqu'où irait Cette aide ? Gerson détaillait les avertissements d'ordre religieux et politique apportés à la France par la Pucelle : il fallait que la France les suivît, de peur que « l'ingratitude, les blasphèmes ou quelque autre cause n'arrêtassent le cours des bienfaits divins. » L'approbation théologique dont Gerson sanctionnait la mission de Jeanne se complétait ainsi par une sorte de leçon morale adressée au Roi et à son peuple : il les engageait l'un et l'autre à écouter cette messagère de Dieu.

Hors de France, aussi, les hauts faits de Jeanne occupèrent tout de suite la science d'Eglise. Etait-ce une envoyée divine ? ou bien une fausse prophétesse ? Un jeune universitaire de Cologne, qui devait plus tard se faire un nom, Henri de Gorkum, entendait soutenir les deux thèses : il alignait, de part et d'autre, les arguments qu'elles alléguaient. Modeste encore, il prétendait ne rien décider, et voulait uniquement « provoquer de plus doctes à une intelligence plus approfondie de la matière. » On sentait, cependant, qu'il inclinait à penser que Dieu était là. Les populations rhénanes, très excitées, obsédaient les prêtres, pour savoir ce qu'était cette Jeanne, qui prédisait l'avenir. Un clerc de Spire, de juin à septembre 1429, publiait en deux cahiers successifs les réponses qu'il faisait à l'importunité des questionneurs. Son information manquait évidemment de sûreté : ne racontait-il pas qu'un Prémontré, un an plus tôt, lui avait parlé de Jeanne comme d'une assidue contemplatrice des astres ? Or un an plus tôt, hors de Domrémy, qui donc connaissait Jeanne et qui donc parlait d'elle ? Mais les jugements du clerc valaient mieux que ses racontars : il estimait que Jeanne avait trop de vertus pour être magicienne ; qu'elle faisait bien de se vêtir en homme, et qu'il était convenable que le royaume de France, perdu par une femme, — l'Allemande Isabeau, — fût relevé par une femme.

Jusque dans Rome, les esprits étaient en branle. Au début de 1429, un clerc français de l'entourage du pape Martin V avait achevé la rédaction d'une chronique intitulée le *Bréviaire historique* ; et dans les dernières pages, tenace en ses patriotiques espérances, il avait écrit :

Le très chrétien prince, le roi Charles, a beau être abandonné par les siens ; le ciel remettra entre ses mains l'étendard de la victoire, pourvu cependant qu'il s'humilie et qu'il l'implore avec un cœur pur.

Au cours de l'été, dans l'un des manuscrits de son Bréviaire, — celui que conserve |la bibliothèque Vaticane, — ce clerc ajoutait un postscriptum sur « un événement grave, et considérable, et inouï, qui n'avait pas eu son pareil depuis l'origine du monde : » la délivrance d'Orléans par une Pucelle, qui égalait ou même dépassait Debora, Judith et Penthésilée, et qui accomplissait « des actes plus divins qu'humains. » Silence aux jaloux, qui parlaient ici de superstitions, de sortilèges ! Notre clerc savait la différence entre les « miracles opérés par les bons » et les « prodiges des au Malin. » Cette Jeanne était vertueuse, pieuse ; et puis « elle combat, continuait-il, pour une cause utile et juste, puisque c'est pour pacifier le royaume de France, ce qui entraînera le relèvement de la foi, qui, à en juger par l'expérience des siècles passés, n'aurait pas tant souffert si la France n'avait pas été entraînée dans un tourbillon de guerres désastreuses. »

Cette âme de prêtre émigré, qui sur les bords du Tibre avait tremblé pour la France, se blottissait dans une double certitude : il savait que Dieu, pour régner dans le monde, avait besoin de la France, et que la France, pour cesser d'être esclave, avait besoin de Dieu : Jeanne lui apparaissait, au loin, comme la servante providentielle de ces deux nécessités. Il s'engageait dans un curieux récit, où l'on voyait Jeanne demander à Charles VII son royaume, se le faire attribuer, solennellement, devant quatre notaires, et puis, ces mêmes notaires étant présents, donner le royaume à Dieu, et finalement, agissant au nom de Dieu, en réinvestir Charles VII. Ce clerc écrivait, semble-t-il, avant le sacre de Reims ; mais il savait, évidemment, les propos qu'à Chinon la Pucelle avait tenus au Roi. Il semblait qu'à la faveur de cet apologue il mit en relief, sous une forme dramatique, la portée que Jeanne attachait au sacre et la réinvestiture que Dieu lui-même, en conclusion des victoires de Jeanne, allait consentir à la dynastie capétienne. A l'arrière des notaires qui tour à tour enregistraient ces étranges translations de propriété du royaume de France, son imagination, soyons-en sûrs, entrevoyait d'autres témoins, un Hincmar, un saint Rémi, artisans de la gloire de Reims, — gloire unique, où s'étaient peu à peu mêlés, comme au principe la conséquence se mêle, le souvenir du baptême de la France et le souvenir des sacres royaux, renouveau périodique du vœu baptismal.

IV. La piété populaire devant la libératrice d'Orléans.

Le 5 mai 1430, le chanoine angevin Jean Boucher, guéri par sainte Catherine d'une maladie importune, s'en allait la remercier en son église de Fierbois, où Jeanne naguère avait envoyé chercher une- épée ; et Jean Boucher notait, dans les archives mêmes du sanctuaire : « Dans la présente chapelle, j'ai célébré la messe à haute voix, priant pour le roi, pour la Pucelle digne de Dieu (*Puella Deo digna*).» Les foules chrétiennes, en France, pensaient comme ce chanoine ; derrière la Pucelle, elles voyaient Dieu.

A son sujet, des légendes se formaient : on les sent éclore, dès le 21 juin 1429, dans une lettre écrite au duc de Milan, Philippe-Marie Visconti, par le sénéchal de Berri, Perceval de Boulainvilliers. Ces légendes disaient que dans la nuit d'Epiphanie où Jeanne était née, tous les habitants de Domrémy s'étaient sentis transportés d'une joie inconcevable, et que, deux heures durant, les coqs avaient chanté.

« Pucelle ordonnée de Dieu, en qui le Saint Esprit versa sa grâce : » ainsi parlait Christine de Pisan, la grande féministe du moyen âge, toute joyeuse de célébrer l'honneur fait à son sexe par Jeanne d'Arc ; et s'adressant aux Anglais, Christine leur disait : « Gent aveugle, voulez-vous combattre contre Dieu ? » La Pucelle « ne semble pas venir de la terre, mais être descendue du ciel, » reprenait Alain Charlier, secrétaire du Roi. Une ballade populaire retrouvée à Valence signifiait aux Anglais que leur bannière était renversée

Par le vouloir du roi Jésus
Et Jeanne la douce Pucelle
De quoi vous êtes confondus,
Dont c'est pour vous dure novelle.

Et les populations toulousaines invectivaient contre ces messieurs du Capitole, coupables de n'avoir pas envoyé vers le Roi « pour savoir les miracles et les faveurs nouvelles qui se multipliaient de jour en jour par le moyen de cette pucelle. »

On avait su, à travers la France et même au dehors, les colloques avec les théologiens : « Elle disserte si bien que c'est une autre sainte Catherine venue sur la terre, » écrivait de Bruges, dès le 10 mai 1429, un de ces marchands vénitiens qui parcouraient l'Europe, guettant les denrées et les échos. Et puis, au jour le jour, on avait su que les « signes » demandés par les théologiens étaient apportés par des victoires. En fallait-il davantage pour que parfois, avec une naïveté fiévreuse, la piété populaire s'abandonnât à certaines manifestations qui risquaient de desservir Jeanne plutôt que de l'honorer ? Car les ennemis guettaient... La gloire de Jeanne, dès 1429, atteignit à ce périlleux apogée : Noël Valois en a retrouvé la preuve, en 1906, dans, un manuscrit de Vienne, contenant la réponse faite à l'écrit de Gerson par un clerc parisien.

Ce clerc, qui, comme tous les universitaires demeurés à Paris, appartenait au parti anglais, accuse Jeanne d'idolâtrie et de sortilèges ; et la raison qu'il en donne, c'est qu'« en plusieurs villes notables, elle acceptait, comme une sorte d'offrande, des cierges allumés que des enfants lui offraient à genoux, et elle faisait tomber sur leurs têtes trois gouttes de cire ardente en pronostiquant qu'à cause de la vertu d'un tel acte ils ne pouvaient être que bons. » Ainsi se dessinait dès 1429 la tactique des ennemis de Jeanne : témoins d'une certaine ferveur populaire, ils induisaient qu'elle en était complice.

Induction venimeuse, induction mensongère, comme le prouve l'attitude de Jeanne quand, au cours de ses chevauchées, nous la voyons en contact avec certaines intempérances d'enthousiasme ou certaines craintes superstitieuses. A Troyes, les habitants n'osaient pas approcher d'elle ; à Bourges, ils la pressaient de bénir des chapelets. Elle disait à ceux-ci : « Touchez-les vous-mêmes, mes braves gens ; ils en vaudront tout autant ; » et à ceux-là : « Approchez, approchez hardiment, je ne m'envolerai point ! » Elle avait des saillies de bon sens, à demi malicieuses, pour faire s'éteindre dans un sourire ces dévotes ferveurs dont elle se sentait, malgré elle, devenir l'objet, et dont elle eût voulu

restituer tout l'honneur à « Dieu premier servi. »
Pierre Vaillant, bourgeois d'Orléans, la voyait faire
effort pour se soustraire aux ovations populaires,
afin que Dieu seul eût la gloire.

Mais les juges de Rouen, bientôt, exploiteront
contre Jeanne ces effervescences de la foule : ils
l'en rendront responsable, et, dans l'article 52 de
l'acte d'accusation, ils oseront affirmer :

> *Item* la dite Jeanne par ses inventions a séduit le
> peuple catholique ; beaucoup en sa présence l'ont
> adorée comme sainte et l'adorent encore en son
> absence, commandant par révérence pour elle messes
> et collectes dans les églises ; bien plus, ils la
> déclarent la plus grande parmi les saintes après la
> sainte Vierge, ils élèvent des images et des
> représentations de sa personne dans les basiliques des
> saints, et ils portent sur eux son effigie en plomb ou
> en tout autre métal, ainsi qu'il est accoutumé de faire
> pour les saints canonisés par l'Église, et ils prêchent
> publiquement que c'est l'envoyée de Dieu, qu'elle
> est moins une femme qu'un ange.

Les juges de Rouen seront portés, par leur
acharnement même, à ramasser les pièces à
conviction ; et parmi celles que dans cet article ils
allèguent, quelques-unes encore existent pour nous.
Ils parlent d'images de Jeanne ; et de fait, sur un
tableau religieux exécuté du temps même de Jeanne

pour quelque chapelle et représentant la Vierge et l'Enfant, on voyait saint Michel pesant une âme, et Jeanne tenant d'une main son étendard, de l'autre un écu armorié, et portant un nimbe. Les juges parleront aussi de médailles : et de fait, le musée de Cluny et une collection privée possèdent deux médailles de l'an 1430 : l'une porte sur une de ses faces les armes de Jeanne, et l'autre, avec ses armes, exhibe aussi son buste. Les juges, enfin, feront un grief à Jeanne des liturgies qui pour elles se célébraient dans les églises ; et de ces liturgies, quelques textes depuis lors nous ont été révélés. Une antienne où l'on priait le Seigneurie briser la puissance des Anglais et de les faire trembler jusqu'au fond de leur être précédait une oraison dans laquelle le prêtre disait à Dieu : « Vous qui avez délivré votre peuple par la main d'une femme, faites que Charles notre roi lève par vous un bras victorieux. »

Pour fêter les victoires de Jeanne, on fit des processions à Carcassonne, et jusqu'à Brignoles ; dans ces deux dernières villes, elles se renouvelèrent, chaque année, durant tout l'ancien régime. Le ponctuel comptable Guillaume Lambert, dans les registres municipaux de Périgueux, notait, le 13 décembre 1429, la dépense de deux cierges et de deux sols d'honoraires, faite par la ville pour une messe chantée, parce qu'un frère prêcheur, messire

Hélie Bodant, « était venu dans cette ville et prêchait à tout le peuple les grands miracles accomplis en France par l'intervention d'une Pucelle. » Sur ce même sujet, les Limousins, en 1430, entendaient prêcher un émigré normand, maître Robert Masselin, qui les exhortait « à la dilection du roi et de la Pucelle ; » et lorsque maitre Masselin, coupable d'avoir fabriqué deux bulles pontificales, eut un urgent besoin de la clémence royale, son avocat Jean Barbin, — celui-là même qui déposera sur Jeanne au procès de réhabilitation, — rappelait à la décharge de Masselin ce « notable sermon. »

V. Du service de France au service de Chrétienté : l'attente d'un « plus haut fait ».

Au pied des chaires, au pied des autels, le peuple chrétien s'imprégnait de cette idée, exprimée par Jeanne elle-même au Duc de Bourgogne : « Ceux qui font la guerre au saint royaume de France font la guerre au roi Jésus. » On comprenait la précision juridique que Jeanne mettait dans ces paroles, on sentait que le droit qu'avait Jésus d'investir Charles de ce royaume était insulté par l'Anglais. Mais Jeanne, d'autre part, se retournant vers les Anglais, leur écrivait : « Si vous faites raison au Roi de

France, encore pourrez venir en sa compagnie, là où les Français feront le plus beau fait qui jamais fut fait pour la chrétienté. » Elle rêvait d'un Charles VII menant les Français à la croisade, et puis, en même temps qu'eux, les Anglais. Et ce que Jeanne rêvait, déjà certaines imaginations chrétiennes l'entrevoyaient comme prochain.

« C'est le moindre de son effort, écrivait Christine de Pisan, de détruire l'anglaiserie :

> Car elle a d'ailleurs plus haut fait,
> C'est que la foi ne soit périe. »

On dirait même que Christine l'acheminait d'ores et déjà vers deux croisades.

Celle de Palestine, naturellement. Les marchands vénitiens écrivaient à leurs correspondants que Jeanne avait promis à Charles la conquête de la Terre Sainte, et que pendant un ou deux ans, les Français et les Anglais, avec leurs seigneurs, devraient se vêtir d'étoffe grise avec la petite croix cousue dessus. Et d'avance, Christine chantait :

> Des Sarrasins fera essart
> En conquérant la Sainte Terre.
> Là mènera Charles, que Dieu garde !

Mais une autre croisade, peut-être, précéderait celle de Palestine ; et Christine encore versifiait :

> Les mécréants dont on devise
> Et les hérites de vie horde
> Détruira…

Ces hérétiques (hérites), c'étaient les Hussites ; et quelle que soit l'authenticité de la lettre de menaces adressée par Jeanne aux Hussites sous la signature de l'aumônier Paquerel, il est un fait certain, c'est qu'en 1434, dans une pièce qui se jouera à Ratisbonne et dont le sujet sera la guerre de Bohême, Jeanne d'Arc aura un rôle.

Au-delà d'Orléans, au-delà de Reims, on ouvrait à Jeanne la route de Prague, la route de Jérusalem. Elle est « la gloire, non pas seulement de la France, mais de la chrétienté tout entière, » disait Alain Charlier. Les Français du XVe siècle savaient, avec une fierté angoissée, la place qu'avait tenue leur pays dans le passé de la chrétienté, il leur apparaissait que l'héroïne qui sauvait la France allait en même temps renouer la chaîne de ses destinées historiques. Entre Jeanne et eux, il y avait accord, pour concerter à l'avance d'autres chevauchées, dans lesquelles la chrétienté, menée par la France, et par Jeanne au nom de la France, recommencerait de servir Dieu.

En ce temps-là, dans beaucoup d'âmes, s'entreheurtaient deux idées que l'allure même de l'histoire semblait à certaines heures mettre en conflit : l'idée de nationalité et l'idée de chrétienté.

Lorsque des rois et des papes étaient en désaccord, c'étaient elles, au fond, qui bataillaient, et l'heure était proche où, dans la ville de Baie, elles allaient prendre comme champ clos une salle de concile. Mais Jeanne d'Arc, — cette Jeanne qu'au témoignage d'une chronique bourguignonne les « simples et folles gens, parmi France, » appelaient l'Angélique, — conciliait sous les regards du monde, en les incarnant elle-même toutes deux, en les corrigeant et en les enrichissant l'une par l'autre, ces deux idées dont l'une revendiquait son droit à naître, et l'autre son droit à ne pas mourir.

VI. Un mouvement de prières pour Jeanne prisonnière.

Devant Compiègne, le 23 mai 1430, Jeanne fut désarmée, faite prisonnière. Le service de la France, celui du Christ, furent désormais privés, non de son cœur, mais de son bras. Le Duc de Bourgogne, tout de suite, prévint Henri VI, l'enfant-roi; il écrivit, aussi, aux habitants de Saint-Quentin, pour leur remontrer « l'erreur et folle créance de tous ceux qui se sont rendus enclins et favorables aux faits de cette femme. » Le duc marquait ainsi l'esprit du procès qui devait bientôt se dérouler : on tourmentera Jeanne, on la brûlera, pour convaincre de « folle créance » ces Français qui pensaient, avec l'aide de Jeanne, avoir celle de Dieu.

A Embrun, Jacques Gelu vit très net : il supplia Charles, dans une lettre, de ne rien épargner pour le rachat de la Pucelle, et de faire ordonner partout des prières. Pour qu'un tel malheur eût pu se produire, il fallait, d'après Gelu, que le roi ou le peuple eût commis envers Dieu quelque manquement. Des prières s'inaugurèrent : à Tours, nu-pieds, chanoines et prêtres processionnèrent pour la délivrance de Jeanne. Toute une messe s'improvisa, dont la collecte, et l'offertoire, et la postcommunion, imploraient de Dieu la liberté de Jeanne. Un évangéliaire de la bibliothèque de Grenoble nous a conservé ces suppliants *oremus* :

> O Dieu tout-puissant et éternel, qui par votre sainte et ineffable clémence et par la merveilleuse vertu de votre bras, avez délégué la Pucelle pour la glorification et le salut de la France, la confusion et la ruine de ses adversaires, et qui avez ensuite permis qu'en accomplissant la sainte mission dont vous l'aviez chargée elle tombât dans les mains de ces mêmes ennemis, accordez-nous, par l'intercession de la bienheureuse Marie toujours vierge et de tous les saints, de la voir échapper saine et sauve à leur puissance, et continuer librement l'exécution de vos ordres formels.

C'est après le *Gloria* de la messe que cette prière prenait place ; mais au cours du sacrifice, deux fois encore, le prêtre insistait, en rappelant à Dieu la besogne que Jeanne devait encore accomplir (*quod superest suæ negociationis*). Ainsi priait l'Eglise de France, non seulement pour la destinée de la Pucelle, mais pour son œuvre ; et cette prière même recelait un nouvel acte de foi dans la laborieuse vocation qui mêlait la vie de la Pucelle à la vie de la France.

VII. Une machination théologique contre Jeanne : l'université de Paris.

Mais c'est précisément en raison de cet acte de foi, sans cesse renouvelé par la conscience française, que les ennemis de Jeanne allaient machiner contre elle un procès d'ordre religieux. Déjà, quarante-huit heures à peine après son arrestation, les universitaires parisiens y songeaient.

On était très anglais, dans le Paris d'alors. Le traité de Troyes faisait des Parisiens les sujets d'outre-Manche ; il semble qu'un certain nombre ne pardonnaient pas à « une créature qui était en forme de femme, — ainsi était désignée Jeanne dans le *Journal* dit *d'un bourgeois de Paris*, — de les troubler dans leur complaisante obéissance. Ils apprirent un jour qu'un Franciscain dont ils avaient acclamé les sermons de carême, le frère Richard, s'était manifesté, à Troyes, comme un partisan de Jeanne : de ce jour les dames regrettèrent les beaux atours qu'à la voix de ce prédicateur elles avaient brûlés : les hommes revinrent aux jeux de dés qu'il leur avait ordonné de quitter ; et l'on jeta de côté les médailles du nom de Jésus, dont il avait fait distribution. Il s'était fait le complice de Jeanne, une idolâtre : adieu ses cadeaux, adieu ses conseils! La cité universitaire, petite ville dans la grande, était particulièrement attachée à la domination anglaise ; et jusqu'en 1628, un corps de logis donnant sur la rue de Sorbonne devait en garder une marque flagrante : ce fut seulement au temps de Richelieu que disparurent de cette façade, où elles s'étalaient en bosse, les armes d'Angleterre, « savoir trois grandes roses qui avaient chacune en diamètre un pied et demi. »

En septembre 1429, Jeanne, le jour de la Nativité de la Vierge, avait essayé de pénétrer dans Paris, et, blessée, elle avait dû se retirer : les universitaires en induisirent que Dieu n'était pas avec elle et qu'au demeurant elle profanait les fêtes de la Vierge, que dès lors ses succès antérieurs avaient été suscités par l'esprit malin, et que plus elle avait été victorieuse, plus elle méritait de passer pour sorcière. Ils furent si joyeux de sa défaite et des raisonnements qu'elle leur suggéra, qu'ils la commémoreront encore, deux ans plus tard, le 8 septembre 1431, par une cérémonie d'actions de grâces. De méchants bruits circulaient, d'après lesquels, au moment de l'assaut, on avait entendu Jeanne crier elle-même : « Si vous ne vous rendez, nous entrerons par force et vous serez tous mis à mort sans merci. » Propos diaboliques, concluait-on. Et certaine note consignée par le grand bedeau de la faculté de théologie atteste que, vers le 22 septembre 1429, cette faculté faisait transcrire un traité sur le bon esprit et le malin esprit, pour y chercher sans doute, dès ce moment-là, des armes contre Jeanne. Le Vénitien Pancrace Justiniani, se trouvant à Bruges en novembre 1429, avait vent que « l'Université de Paris, ou, pour mieux dire, les ennemis du Roi, avaient accusé Jeanne auprès du pape ; » et certains religieux disaient à Pancrace : « La Pucelle est une hérétique, et non seulement elle, mais encore ceux qui ont foi en elle. Elle va contre la foi en voulant qu'on la croie, et en sachant prédire l'avenir. »

Cette Université parisienne, qui jadis rayonnait sur la chrétienté comme une messagère de la croyance et du 5avoir, avouait au pape Martin V, en 1425, la décadence de sa vieille gloire. Mais les universitaires maintenaient leur prérogative de

« connaître et de décider, dans les causes relatives aux hérésies ou opinions produites à Paris et dans les environs ; » cette prérogative allait les amener, en septembre 1430, à faire brûler une pauvre Bretonne dite la Pierronne, dont l'un des crimes était d'avoir proclamé la vocation divine de Jeanne. Et c'est au nom de cette même sollicitude pour la foi que le recteur Guillaume Éverard, dès le 25 mai 1430, faisait réclamer au Duc de Bourgogne, par le vice-inquisiteur Billori, la livraison de la Pucelle, « soupçonnée véhémentement de plusieurs crimes sentant hérésie, » et qu'un mois plus tard l'Université tout entière insistait, dans deux lettres instantes au Duc de Bourgogne et à son vassal Luxembourg.

VIII. Un agent politique devenu Juge d'église : Cauchon.

Mais, pour ce Luxembourg, Jeanne était un butin de guerre. La livrer gracieusement, comme gibier d'Inquisition, n'avait rien qui le tentât. L'Angleterre allait intervenir, non point avec des sommations canoniques, mais avec des promesses de deniers : Jeanne lui fut livrée. L'ayant achetée, elle la détenait et se proposait expressément, quelle que fût l'issue du procès projeté, de ne la plus relâcher. Elle allait la faire juger à Rouen, sous ses yeux. Le terrain semblait propice. Pas d'archevêque : le nouveau titulaire du siège ne devait prendre possession qu'en 1432. Pas de doyen du chapitre : le personnage qui portait ce titre n'avait jamais résidé à Rouen. Sur trente chanoines que comprenait l'ancien chapitre de Rouen, treize avaient expié par la perte de leurs prébendes le crime d'être trop Français ; neuf autres devaient se tenir à l'écart du procès de Jeanne. On allait tenir, aussi, à l'écart des fonctions ; d'assesseurs tous les curés rouennais. Pour composer un tribunal et préparer un jugement, l'Angleterre disposait d'un metteur eu œuvre fort expert, Cauchon, évêque de Beauvais.

En 1420, durant le siège de Meaux par les Anglais, trois religieux qui défendaient la place étaient tombés entre leurs mains ; on les avait envoyés, tout de suite, à Cauchon. Et Juvénal des Ursins nous raconte :

> Il faisait diligence de les faire mourir et de les mettre, en attendant, en bien fortes et dures prisons, sans considérer qu'ils n'avaient en rien failli, car la défense leur était permise, de droit naturel, civil et canonique. Mais cet évêque disait qu'ils étaient criminels de lèse-majesté et qu'on les devait dégrader.

Un magistrat d'Eglise qui met son astuce et sa juridiction au service de l'Angleterre, et qui poursuit avec un appareil canonique tout ce qui lèse la majesté anglaise : voilà Cauchon. Il fut, vingt ans durant, le grand agent politique de l'Angleterre. Lorsque, en 1425 et 1433, l'Angleterre a besoin d'une influence pour amener le Parlement de Paris à enregistrer certaines ébauches de concordat entre elle et la papauté, elle emploie Cauchon, qui fait capituler le Parlement et qui gagne, à ce succès, les félicitations du pape Martin V. Et lorsque, en 1428, elle recrute des commissaires pour lever en Champagne des subsides, l'un d'eux s'appelle Cauchon. Elle l'emploie comme diplomate, comme percepteur, comme juge ; elle l'excuse, en 1432, de son absence au concile de Bâle, en informant le concile, officiellement, qu'il est retenu par ses fonctions de conseiller du Roi.

En cette année 1430 où Jeanne allait devenir sa justiciable, les gens de Beauvais s'étaient, à l'approche de Jeanne, soulevés pour la France ; et Cauchon, fugitif de sa ville épiscopale, dévorait l'affront. « L'évêque est ennemi, » disait-on ; et l'on détruisait ses jardins, on enlevait le plomb de ses gouttières, on saccageait ses vignes. Cauchon, faisant la besogne du roi d'Angleterre avec l'espoir de quelque bel évêché, cherchera peut-être une

41

revanche, aussi, pour ses mésaventures de Beauvais.

Le terrain juridique aménagé dès la fin de mai par les universitaires parisiens fut tout de suite celui qu'il adopta : on fit un procès à la foi même de Jeanne. Voici, derrière Cauchon, un vice-inquisiteur, Le Maistre : tardivement convoqué, doutant de sa compétence, ce Frère Prêcheur ne consentit à siéger qu'avec l'autorisation du grand inquisiteur de Paris, et garda toujours une attitude assez passive, « pauvre chien mouillé, battu, effacé dans un coin. » A côté de ce comparse, qui craignait d'être mis à mort s'il ne procédait pas comme les Anglais voulaient, et qui ne fut malfaisant que par lâcheté, siégeaient, entre autres assesseurs, six docteurs de l'université de Paris, qui furent, eux, malfaisants par système. Entre eux et Cauchon, l'accord était spontané : l'Université l'avait, en 1420, officiellement recommandé aux gens de Beauvais comme un « pasteur bon et sage, » et depuis 1423 il était le « conservateur des privilèges » de cette illustre corporation.

L'Angleterre, d'ailleurs, sut dénicher trois belles prébendes de chanoines pour trois des universitaires qui assistaient Cauchon. Elle régnait sur le tribunal par la générosité, elle régnait aussi par la peur. Un clerc de Normandie, maître Jean Lohier, ayant contesté la procédure suivie, fut accueilli par de telles colères, que son courage lui fit peur, et qu'il quitta Rouen. Pour un délit du même genre, un maître ès arts, Nicolas de Houppeville, fut jeté au cachot et menacé d'être banni, d'être noyé. Un évêque, Jean de Saint-Avit, ayant opiné qu'il fallait consulter le pape, fut écarté des délibérations. Et trois mois après le bûcher, un malheureux frère lai du couvent des Dominicains, pour avoir dit que les juges avaient bien mal fait de condamner cette pauvre Pucelle, sera jeté au cachot et mis au pain et à l'eau, en vertu d'un jugement de Cauchon. Voilà dans quelle atmosphère de terreur se déroulait le procès ; et les multiples violations du droit canonique y multipliaient les causes de nullité.

IX. Le crime judiciaire de Rouen ; l'exploitation du crime.

On voulait un « beau procès, » qui eût les dehors d'un procès de foi, et qui en eût le prestige ; et l'on contrevint, cependant, aux règles de ces procès. On aurait dû mettre Jeanne, en vertu des lois ecclésiastiques, dans une prison spéciale pour femmes : il y en avait une, à l'archevêché de Rouen. Si elle n'avait pas été laissée dans la prison des hommes, sous la garde des hommes, aurait-elle été acculée à reprendre des vêtements masculins, et à devenir ainsi « relapse ? » On aurait dû tenir compte de son appel au pape : il lui fut répondu qu'on ne pouvait « aller chercher l'avis de Notre Saint Père si loin. » Les universitaires, cependant, savaient prendre le chemin de Rome, si long fût-il, pour obtenir des bénéfices ou faire sévir le pape contre quelque membre rebelle de leur corporation.

Non moins que les règlements canoniques, les règles élémentaires de toute justice humaine furent violées. On s'abstint de mentionner, dans le procès, les témoignages favorables à Jeanne. On présenta comme extraits de ses aveux soixante-dix articles accusateurs, dont beaucoup avaient soulevé ses protestations expresses ; on les ramassa plus tard en douze articles, qu'on ne prit même pas la peine de lui lire, et qui, à Paris, servirent de base au jugement des universitaires. On machina deux cédules successives dites d'abjuration, dont la première, qui lui fut lue, était inoffensive et dont la seconde, qui lui fut présentée sans lui être lue, était le reniement de toute sa vie ; et l'on ne reproduisit, dans le procès, que la seconde. Et plus odieux encore, peut-être, que ces criminelles manœuvres, furent les interrogatoires, où l'on vit se heurter contre une foi limpide une science perfide, et contre une conscience claire une dialectique volontairement obscure.

Le bûcher paracheva ces infamies ; et de ses flammes mêmes surgirent déjà certains repentirs. Manchon, le notaire, achetait un bréviaire dans lequel il priait pour Jeanne. Alespée, l'assesseur, souhaitait que « son âme fût où était celle de Jeanne. » Thérage, le bourreau, allait dire aux Frères Prêcheurs sa « merveilleuse repentance et terrible contrition. » Tressart, le secrétaire du roi d'Angleterre, criait : « Nous sommes perdus pour avoir brûlé cette sainte ! » Mais les politiques à Rouen, les universitaires à Paris, songeaient, eux, à l'exploitation du verdict. Deux lettres d'Henri VI étaient adressées, l'une aux souverains de la chrétienté, l'autre aux prélats, aux nobles, aux villes de France. Un message de l'université parisienne visait le pape et les cardinaux. Et toutes ces lettres annonçaient, comme une grande victoire pour Dieu, la fin de la « misérable femme » qui avait avoué le caractère malin et décevant de ses « voix, » et elles osaient accuser expressément celle qui en appelait au pape, d'avoir refusé au pape obéissance. Les universitaires gémissaient sur la multiplication des « faux prophètes, » indice de la prochaine fin du monde : ils avaient du moins fait un exemple, dans la personne de Jeanne, et ils s'en réjouissaient. Et sur les lèvres de l'inquisiteur général de Paris, prêchant le 14 juillet en l'église Saint-Martin des Champs, se déroulait un long réquisitoire contre la

Pucelle, cette homicide de la chrétienté, qui dès l'âge de treize ans inquiétait tellement ses père et mère que volontiers ils l'eussent fait mourir !

Anglais et Bourguignons triomphaient : en face de leurs conclurions, le silence de certains personnages augustes ressemblait à un assentiment. Regnault de Chartres, le chancelier, avait naguère, à Poitiers, entendu la Pucelle : le jugement de Rouen retentissait comme une offense aux enquêteurs de Poitiers ; mais Regnault se taisait, bien qu'il fût, comme archevêque de Reims, le métropolitain de Cauchon. Les Anglais, d'ailleurs, n'avaient pas craint qu'il parlât : car ils connaissaient l'étrange lettre pastorale dans laquelle il avait présenté les infortunes de Jeanne comme une punition de son orgueil, de ses riches habits, de son attachement à sa volonté propre. Charles VII, pour qui Jeanne avait lutté, pour qui Jeanne était morte, se taisait aussi. Il y a, dans les archives du Vatican, des suppliques de 1431, adressées au pape par Charles et les prélats de sa Cour, et ces archives gardent la preuve que Pierre de Versailles, un des examinateurs de Poitiers, était à Rome en novembre 1431 ; mais on n'y a pas encore trouvé la trace d'une voix française qui se soit élevée pour Jeanne, d'une épître française qui ait répété à l'adresse du Pape l'appel formulé par les lèvres de Jeanne.

On se demande, d'ailleurs, quelle réponse aurait pu, sur l'heure, faire le malheureux Eugène IV. Une multitude de soucis l'obsédait. Aux portes de son bercail, la brebis grecque s'avançait, timide, hésitant encore à accepter l'union des Eglises ; le loup hussite, menaçant, voulait faire effraction. C'étaient de grosses préoccupations pour un pontife, qui, d'autre part, allait être menacé dans son pouvoir spirituel par le concile de Bâle, dans son pouvoir temporel par le duc de Milan. Probablement il classa, d'un geste rapide, la lettre où l'université parisienne lui parlait du procès rouennais ; et l'Angleterre, quelque temps durant, put être fière de ces astucieux protocoles qui semblaient enregistrer à jamais, pour les puissants du monde et pour l'histoire, la condamnation de Jeanne par l'autorité spirituelle.

X. Résistances de l'opinion chrétienne au verdict rouennais.

Et Jehanne la bonne Lorraine,
Qu'Anglais brûlèrent à Rouen,

chantera Villon. Il dira ce que savait, ce que pensait, le commun de l'opinion chrétienne. Ce sont les « barbares Anglais » qui ont fait cela, écrivait de

Bruges, au lendemain du verdict, une plume vénitienne : « Dieu, selon son juste pouvoir, en tirera aux yeux de tous un très grand châtiment. » — « Les Anglais, notait le greffier de la Rochelle, firent brûler Jeanne à Rouen sur fausses accusations. » — « Les Anglais, consignait le chroniqueur du Mont Saint-Michel, arrêtèrent la Pucelle, qu'ils avaient achetée des Bourguignons. »

Et dans les lointains couvents de l'étranger, où d'autres chroniques s'écrivaient, les mêmes échos accusateurs retentissaient contre les Anglais : Hermann Corner, le dominicain allemand de Lubeck, Walter Bower, le moine écossais de Saint-Colomb, s'en faisaient les greffiers. Martin Le Franc, le prévôt de la cathédrale de Lausanne, interpellant en 1440, dans son *Champion des Dames*, l' « adversaire au faux visage, » qui calomniait Jeanne, lui rappelait que déjà Jésus et ses « martyrs bénis » étaient « morts honteusement : »

Guère ne font tes arguments
Contre la Pucelle innocente,
Ou que, des secrets jugements
De Dieu sur elle, pis on sente.

Même à Bâle, où régnait durant le Concile l'influence des universitaires parisiens, il ne semble pas que le jugement de Rouen ait obtenu l'ascendant d'un verdict d'Eglise : voyez la page qu'écrit sur la Pucelle, dans ce couvent bâlois dont il était le supérieur, l'inquisiteur Jean Nider. Il avait lu la lettre du roi d'Angleterre aux souverains, il avait causé avec le licencié parisien Nicolas Lamy : cette lecture, ces causeries, le rendaient très malveillant pour Jeanne, et l'inclinaient à la réputer sorcière ; néanmoins, il déclare qu'il ne fait que rapporter les bruits publics, qu'il suspend son jugement. On dirait qu'il pressent la nécessité d'être prudent…

Mais en fait, Jeanne, protégée de Dieu, n'avait-elle pas échappé au bûcher ? Jeanne, innocente, n'était-elle pas toujours vivante ? En 1436, un certain nombre de gens, en France, inclinèrent à le penser. Nous possédons le texte d'un pari fait devant notaire par deux bourgeois d'Arles, dont l'un affirmait que Jeanne avait été brûlée, et l'autre qu'elle vivait. Trois ans durant, une certaine Jeanne des Armoises exploita ces dispositions de l'opinion : deux frères de Jeanne, des bourgeois d'Orléans, la prirent pour la Pucelle, cependant que d'autres bourgeois continuaient de célébrer, à l'église, l'anniversaire de « feue Jehanne. » Mais les uns et les autres, ceux qui solennellement évoquaient devant les autels le nom de Jeanne, et ceux qui la croyaient miraculeusement soustraite aux flammes anglaises, s'accordaient à la considérer toujours, en dépit des Anglais, comme la Pucelle « digne de Dieu. »

Elle avait apporté à Charles VII, non seulement un appui matériel, mais un appui moral ; par son aspect même d'envoyée divine, elle avait convaincu la chrétienté que Charles avait pour lui le droit ; elle était venue ranger aux côtés du Roi la force de Dieu et la justice de Dieu. Les Anglais l'avaient fait brûler, avec des notes d'infamie, pour qu'enfin Français et étrangers cessassent d'attribuer à Charles cette alliance que la Pucelle avait prétendu symboliser, l'alliance de Dieu. Ils avaient voulu que le nom même de Jeanne, stigmatisé, couvrit Charles VII de honte, au lieu de lui imprimer un élan.

Mais ils virent, à la longue, qu'ils avaient échoué. En 1449, dans un *Discours historique* dont l'auteur l'engageait à la conquête de la Normandie, Charles VII pouvait lire : « Le bras de Dieu, par le mystère de la vierge envoyée d'en haut, replaça miraculeusement, contre toute attente, la couronne sur la tête de Charles. » — « Pucelle formée par le Saint-Esprit, » redisait de Jeanne, quelques années plus tard, la même plume enthousiaste. Cet écrivain, si notoirement rebelle aux abominables conclusions de Rouen, était un prêtre normand, du nom de Robert Blondel, précepteur du futur Duc de Bretagne. Il évoquait la Pucelle, pour presser Charles VII de reprendre là-bas, en terre normande, un pas de conquérant, et d'achever la libération de la France. Le prêtre qui faisait cet usage du nom de la Pucelle n'attachait pas à l'arrêt prononcé par Cauchon la valeur d'un authentique jugement d'Eglise.

Au demeurant, au cours des troubles religieux qui, jusque vers le milieu du XVe siècle, déchirèrent le monde chrétien, plusieurs d'entre les assesseurs universitaires de Cauchon avaient fait, au Concile de Bâle, œuvre de schisme, et tenté d'opposer au pape de Rome un autre pape. Ce Jean Beaupère qui avait dirigé le premier interrogatoire de Jeanne et qui avait ensuite porté aux universitaires de Paris les douze articles d'accusation, devenait, en 1438, devant l'Université de Vienne et le duc Albert d'Autriche, le porte-parole du concile de Bâle, alors délibérément schismatique. Ce Thomas de Courcelles, qui avait joué, comme rédacteur du procès rouennais, un rôle si équivoque et opiné pour la condamnation, soutenait contre le pape, en 1438, en 1440, devant les deux assemblées de Bourges, la cause des Pères de Bâle; et lorsque ceux-ci, en 1439, voulaient organiser une façon de conclave pour élire un antipape, Courcelles était l'un des triumvirs chargés d'en choisir les membres. Ce chanoine Loiseleur qui, ayant demandé à être le confesseur de Jeanne, « faisait venir à l'oreille des notaires ce qu'elle lui disait en secret, » et finalement la condamnait, figurait parmi les dix témoins qu'entendait le Concile de Bâle contre Eugène IV et acceptait, en 1438, d'aller en mission de Bâle à Londres pour tenter, bien inutilement, de regagner l'Angleterre à la cause bâloise. Lorsque, au milieu du siècle, la chrétienté, décidément rebelle à toute idée de division, eut pris en « détestation » le Concile de Bâle et le nom même de Concile, il fut sans doute plus fâcheux qu'avantageux, pour l'Angleterre, d'avoir employé comme instruments, pour la besogne judiciaire de Rouen, des théologiens qui, dans la suite, avaient émigré vers un antipape.

XI. L'intervention de la papauté : Jeanne réhabilitée.

Les Anglais firent faire contre Jeanne un procès par certaines personnes à ce commises et disputées par eux. En faisant lequel procès, ils firent et commirent plusieurs fautes et abus. Et tellement que, moyennant le dit procès et la grande haine que nos ennemis avaient contre elle, ils la firent mourir iniquement et contre raison, très cruellement.

Ainsi s'exprimait Charles VII, le 15 février 1450, lorsque, rentré victorieusement dans Rouen, il donnait commission à Guillaume Rouillé, doyen de Noyon, d'informer sur la cause de Jeanne. Bouille se transportait à Rouen, entendait sept témoins, concluait que dans son ensemble le procès croulait. Aux yeux de ce prêtre, soutenir l'innocence de Jeanne devenait une « œuvre de piété : » car il y allait de « l'honneur et de la gloire du Roi des Rois, qui défend la cause des innocents. » Mais c'était aussi, ajoutait-il, une « œuvre de salut public : » car l'enjeu de ce débat devait être « l'exaltation du roi des Francs ou de la maison de France, dont on ne lit pas qu'elle ait jamais accordé sa faveur aux hérétiques ou qu'elle leur ait adhéré d'une façon quelconque. » Nous sommes à l'époque où la chancellerie papale et les autres chancelleries de l'univers s'accordaient pour laisser au roi de France, comme un privilège, le titre de roi très chrétien : ce titre comportait que jamais il n'eût soutenu d'hérétiques, que jamais des hérétiques ne l'eussent soutenu : laver la Pucelle de cette tâche serait donc laver l'honneur même du roi. Mais en s'engageant dans cette voie, le procès de réhabilitation de Jeanne eût pris l'apparence d'un second procès politique, — conduit, celui-ci, par la France et pour la France. Le voyage que fit à Rouen, vers avril 1452, avec le titre de légat pontifical, le cardinal d'Estouteville, eut pour conséquence une procédure nouvelle : l'enquête faite par Bouillé, et qui n'était qu'un acte de juridiction civile, ne fut dès lors utilisée qu'à titre documentaire. D'Estouteville décida qu'à cause des « bruits qui couraient et de beaucoup d'allégations qui circulaient » sur le procès de Jeanne, une enquête canonique devait s'ouvrir.

Il manda de Paris le Dominicain Jean Bréhal, grand inquisiteur de France : du 2 au 9 mai 1452, des témoins furent interrogés. Quinze jours plus tard, sur l'ordre du cardinal, Bréhal et Bouille, dûment réchauffés par un bon vin d'honneur que leur offrait au passage la ville d'Orléans, s'en allaient en Touraine, où le roi musait et s'amusait ; et l'on décidait, d'accord avec lui, la poursuite de l'œuvre. Pour les frais, la cassette royale s'ouvrait.

Jeanne avait été condamnée pour ses apparitions, pour ses prophéties, pour ses prétendus hommages aux mauvais esprits, pour ses habits d'homme, pour son refus de soumission à l'Eglise, pour s'être enfin comportée en relapse. Bréhal, sur tous ces points, étudiait les procès-verbaux, les réponses de Jeanne, et puis demandait, six fois de suite : Que penser de la sentence rendue ? Le cardinal avait amené avec lui à Rouen, pour étudier d'autres affaires, un prélat de la Rote, Théodore de Lellis, et un avocat consistorial, Paul Pontanus : ils furent les premiers à connaître le long *Sommaire* de Bréhal, et à donner un avis. Pontanus répondit en énumérant toutes les raisons éventuelles de nullité de la sentence et en disant discrètement : « La sagesse des consulteurs suppléera le reste. » Lellis accusa de perfidie les douze articles dans lesquels Cauchon avait prétendu condenser les griefs contre Jeanne. Ce que disait Lellis avait du poids : futur cardinal, il était, dans la Rome d'alors, un canoniste déjà très écouté. De ces deux mémoires et de son propre *Sommaire*, Bréhal fit un paquet, qui en décembre, à Lyon, fut remis au chancelier de l'archiduc d'Autriche. Ce paquet devait être porté au dominicain Léonard de Brixenthal, qui professait à l'université de Vienne. Bréhal le priait de lire, et puis d'opiner : « La matière, lui écrivait-il, concerne l'honneur du très chrétien roi de France. » Nous ne savons quelle fut la réponse du frère Léonard. Mais, en France même, d'autres consulteurs étaient au travail : Robert Cybole, chancelier de Notre-Dame ; le franciscain Elie de Bourdeilles, évêque de Périgueux ; Thomas Basin, l'historien, successeur de Cauchon à l'évêché de Lisieux ; deux Tourangeaux de moindre importance ; et puis Jean de Montigny, chanoine de Paris et conseiller au Parlement. Et tous ces hommes d'Eglise absolvaient la Pucelle.

C'était certainement un très habile homme que maître Jean de Montigny. Il eut la finesse de sentir qu'une réhabilitation dont Charles VII serait le demandeur garderait certains dehors politiques. Les Turcs, à ce moment-là, étaient aux portes de Constantinople : Nicolas V visait à grouper contre eux, dans une même croisade, Français et Anglais. Montigny pressentit peut-être qu'un pouvoir spirituel tel que la papauté pouvait éprouver quelque gêne à paraître se ranger aux côtés de la France victorieuse, en poursuivant avec le roi de France une revanche juridique ; il fallait que la réhabilitation de Jeanne gardât quelque chose de plus pur, qu'elle n'apparût pas comme la consécration religieuse de nos succès militaires et politiques. Mais jamais il n'est gênant pour un pape, d'accueillir d'humbles voix qui lui disent : une monstruosité s'est accomplie, dont nous demeurons éclaboussés. Les parents de Jeanne, suggérait Montigny, « doivent, avant tous les autres, se mettre immédiatement en avant, et demander réparation de l'injure faite à la Pucelle par son supplice ignominieux. »

Isabelle, la mère, vivait toujours. Une supplique partit pour Rome, — en 1454, semble-t-il, — signée d'Isabelle et de ses deux fils. Une famille avait été lésée par la condamnation d'une fille innocente : cette famille demandait justice. Bréhal se trouvait à Rome : il réclama de Lellis, et puis de Pontanus, deux nouveaux mémoires, sans doute pour le Pape ; et la voix de ces spécialistes romains appuyait la pauvre femme des Marches de Lorraine. Alors, le 11 juin 1455, le pape Calixte III décida de déléguer trois commissaires pour rendre en dernier ressort une juste sentence : Juvénal des Ursins, archevêque de Reims. Guillaume Chartier, évêque de Paris, Richard Olivier, évêque de Coutances, furent désignés. Ils devaient s'adjoindre un inquisiteur ; ils appelèrent Bréhal.

Il y avait grande foule à Notre-Dame-de-Paris, lorsque le 7 novembre 1455 Isabelle et ses deux fils Jean d'Arc et Pierre d'Arc, accompagnés de quelques bourgeois de Paris et « honnêtes femmes » d'Orléans, comparurent officiellement devant les délégués pontificaux pour demander la révision du procès : et cette foule était si bruyante qu'on dut achever la séance dans la sacristie. Dix jours plus tard, dans la salle des audiences du palais épiscopal, une nouvelle séance était tenue ; et l'on décidait d'aller à Rouen instruire le procès.

L'évêque Cauchon, le promoteur d'Estivet, et probablement aussi l'inquisiteur Le Maistre, étaient morts. On envoya des citations à l'évêque de Beauvais, au promoteur de Beauvais, au vice-inquisiteur de Beauvais. Cela ne nous regarde point, déclarèrent le successeur de Cauchon et le clerc qui avait succédé à d'Estivet. De vice-inquisiteur, nous n'en avons pas ici, affirma le prieur des Dominicains de Beauvais ; et en effet il avait fallu une mesure spéciale de l'inquisiteur général de Paris, pour que Le Maistre, vice-inquisiteur de Rouen, eût pu être considéré comme vice-inquisiteur pour Beauvais. Bréhal, avec une régularité tenace de procédurier, réexpédiait des citations à ces trois adresses, chaque fois que la règle juridique l'exigeait. Il n'y a pas là-bas de vice-inquisiteur, venait redire, au nom des Dominicains de Beauvais, le prieur des Dominicains d'Evreux ; et toutes ces sommations judiciaires font scandale ! L'évêque de Beauvais, lui, pour que les huissiers de ce tribunal papal le laissassent tranquille, expédiait enfin son promoteur, pour dire en substance que Pierre Cauchon n'avait pas dû être coupable, mais que lui, son successeur, ne se prétendait pas intéressé dans l'affaire, et qu'il avait l'intention de ne pas intervenir davantage. Et Bréhal constatait, à toutes les étapes de la procédure, qu'aucune partie adverse ne se dressait contre Isabelle, mère de Jeanne, pour la défense des trois hommes d'Eglise dont le tribunal allait apprécier le jugement. Un jour cependant, un chanoine survint, envoyé par les petits-neveux de Cauchon. Ceux-ci, piteusement, craignant que des sanctions prises contre leur grand-oncle ne les atteignissent eux-mêmes dans la fortune qu'il leur avait léguée, faisaient rappeler au tribunal que Charles VII, en prenant possession de la Normandie, avait promis l'amnistie. Telle était la sollicitude des héritiers de Cauchon pour la mémoire de Cauchon.

Des enquêtes faites à Paris, à Domrémy, à Vaucouleurs, à Toul, à Orléans, des mémoires demandés à Berruyer, évêque du Mans, à Bochart, évêque d'Avranches, achevèrent d'éclairer le tribunal ; et vers le milieu de mai, Bréhal fut chargé de condenser, en une *Récapitulation*, l'ensemble des conclusions qui s'imposaient. En quelques semaines, il fit un vaste travail. Avant qu'en 1893 la *Récapitulation* n'eût été intégralement publiée, on n'en soupçonnait pas l'importance.

La dialectique de Cauchon avait, en 1431, été moralement vaincue par la résistance d'une conscience ; avec Bréhal, contre cette dialectique, c'était la science théologique, c'était la science canonique, qui faisait assaut, et la défaite des premiers juges de Rouen devenait désastre. Ils avaient essayé d'accumuler les taches sur la mémoire de la Pucelle : une à une, Bréhal les effaçait. Il apportait dans cette étude le même esprit d'équité qui devait l'amener, quatre ans plus tard, à faire réviser le procès d'un bourgeois d'Arras injustement condamné comme Vaudois, et à autoriser des poursuites contre les vicaires généraux coupables de cette condamnation.

Le 7 juillet 1456, dans la grande salle du manoir archiépiscopal de Rouen, Jean d'Arc étant présent, l'archevêque de Reims promulgua la sentence qui frappait de lacération judiciaire les douze articles d'accusation jadis forgés contre Jeanne, et qui déclarait son procès entaché « de dol, de calomnie, de méchanceté, d'injustice, de contradiction, de violations de droit, d'erreurs de fait. » Une prédication solennelle de réparation fut faite à l'endroit même du bûcher, une croix expiatoire y fut érigée ; et bientôt le Dominicain Bréhal et le doyen Bouille, passant les Alpes, allaient dire à Calixte III que justice avait été faite, en son nom, de l'œuvre d'iniquité.

XII. Portée religieuse de la réhabilitation de Jeanne : une victoire pour la liberté des âmes.

De ce procès de réhabilitation, deux conclusions se dégageaient, dont l'une fortifiait dans l'Église l'autorité du pouvoir suprême, et dont l'autre en revanche y consolidait, en l'éclairant d'un surcroît de lumière, la liberté des âmes.

Car c'était fortifier l'autorité papale, de déclarer, comme le canoniste Leilis, qu'en refusant à Jeanne le droit d'appel, les juges avaient manqué de respect pour le Siège apostolique ; ou d'alléguer, comme Montigny, que l'évêque, vu le caractère ardu de la cause, aurait dû, de son propre mouvement, la soumettre à Rome. Et c'était venger l'autorité papale offensée, que de conclure avec Bréhal : « Je ne vois pas comment Cauchon et ses fauteurs pourraient dûment se justifier d'attentat manifeste contre l'Eglise romaine, et même du crime d'hérésie. »

Mais où trouverait-on, d'autre part, une charte de liberté spirituelle comparable à certaines pages de Bréhal ? Et par liberté, spirituelle nous entendons : liberté pour Dieu d'agir, et, pour l'homme, de lui obéir. En riposte à l'échafaudage de ruses des juges rouennais, en riposte à la prétention qu'ils avaient eue, — se présentant, eux, comme étant l'Eglise, — d'opposer leurs prohibitions aux ordres intérieurs que Jeanne avait reçus de ses voix, les théologiens qui opinèrent dans l'instance de réhabilitation, Bouille et Leilis, Montigny et Basin, Bochard et Berruyer, et surtout Bréhal, proclamèrent l'obligation de conscience qu'avait Jeanne d'obéir aux voix, et le droit même que cette obligation lui créait.

De quel droit Cauchon et ses hommes avaient-ils stigmatisé des voix auxquelles Jeanne, après l'examen des juges de Poitiers, pouvait en sûreté de conscience accorder sa créance ? Bréhal se le demandait ; il lui paraissait que, contre les juges de Rouen, toutes sortes de textes s'insurgeaient. Il faut voir cet inquisiteur mobiliser tous ces textes, dans le huitième chapitre du premier point de la Récapitulation. Un mot de saint Paul les commande tous : « Où est l'esprit du Seigneur, là est la liberté. » Et voici venir, derrière l'Apôtre, saint Thomas d'Aquin, proclamant que « les œuvres de l'homme, conduit par le Saint-Esprit, sont œuvres du Saint-Esprit plutôt que de l'homme, et que dès lors, en tant qu'elles proviennent du Saint-Esprit, elles ne tombent pas sous la loi. » Silence donc à Cauchon : l'Esprit avait parlé, Cauchon devait se taire. Mais dans le *Décret* lui-même, dans cet immense répertoire canonique dont tous les juges d'Eglise eussent dû être les familiers, Bréhal ramassait des armes, à pleines mains. On lisait au *Décret* : « Il faut obéir, sans hésiter, à Dieu, dominateur de toute créature, en tout ce qu'il commande ; quiconque agit contre sa conscience édifie pour la géhenne. » Et puis survenaient les docteurs du XIVe siècle, comme Pierre de la Palud, comme Durand de Saint-Pourçain, pour attester que « ne pas acquiescer à une révélation divine est un péché d'infidélité. » Voire même, bien longtemps avant, un docteur qui se nommait Aristote, déclarait : « Ceux que meut un instinct divin doivent le suivre, parce qu'ils sont mus par un principe supérieur à la raison humaine. » Au cours de sa promenade dans cet arsenal si bien fourni, Bréhal, visant Cauchon, lui lançait cette flèche : « Une conscience bien formée, fondée sur une créance bien éprouvée, ne doit pas être déposée à la voix d'un prélat, mais doit être suivie. »

Jeanne avait donc accompli son devoir, tout son devoir : elle avait réalisé, pleinement, la liberté chrétienne de l'âme, par sa fière et fidèle soumission au mandement divin. Derechef, plus tard, au surlendemain du Concile de Trente, un théologien comme Suarès précisera les droits et les devoirs de cette liberté, en expliquant, dans un passage fort opportunément rappelé par le dernier biographe de Jeanne, que « toute révélation privée, dès lors qu'elle n'est en rien contraire à la doctrine catholique et qu'elle ne contient rien qui soit indigne de la vraie sagesse, doit être, pour l'âme qui en est favorisée, objet d'un assentiment de foi, et que cette âme est tende de la croire. » Et du haut de la chaire orléanaise, en 1876, l'abbé d'Hulst dira :

En deçà des limites que trace à notre obéissance la divine autorité de l'Église, quel vaste champ reste ouvert aux communications surnaturelles ! Qui donc enchaînera l'action de Dieu ? Qui l'empêchera de se révéler aux humbles, de converser avec les cœurs purs, d'envoyer ses messages aux hommes de désirs ? Sans doute il ne faut pas croire à tout esprit : l'Église nous trace des règles sages, propres à nous préserver des illusions d'un mysticisme frivole. Sous la protection de ses conseils, éprouvons tout, comme le veut l'Apôtre ; mais gardons tout ce qui est bon. Gardons-le, de peur d'enlever aux siècles chrétiens leurs gloires les plus pures, à l'Italie Catherine de Sienne, Thérèse à l'Espagne, à l'Allemagne Gertrude, Brigitte à la Suède, à la France Jeanne d'Arc.

Les juges de 1431 avaient condamné Jeanne en lui reprochant de s'obstiner à croire à ses voix ; la théologie catholique, antérieure et postérieure, lui faisait au contraire une obligation de conscience, de continuer à y croire. Les juges pontificaux de 1456 lavaient Jeanne des taches qu'on avait voulu jeter sur elle, et du grief qu'on lui avait fait de ses vertus mêmes, et de la présomption de « diabolisme » dont ses voix avaient été incriminées. Ils ne visaient encore qu'à démontrer une innocence, non à forger une auréole. — Mais disculper Jeanne de « diabolisme, » c'était faire rentrer Dieu dans sa vie : les décisions du vingtième siècle, qui exalteront sa sainteté, étaient en germe dans les conclusions juridiques de l'inquisiteur Bréhal.

« On croyait que c'était l'Esprit de Dieu qui la guidait, allait bientôt écrire saint Antonin de

Florence : cela fut patent par suite de ses œuvres. »
Et lorsque le pape Pie II, quelques années plus tard,
dictera ses *Commentaires* à son secrétaire, il dira de
cette « admirable et stupéfiante jeune fille » qu'elle
était « insufflée par l'esprit divin, ainsi qu'en
témoignent ses actes. »

Le jugement de 1456, cependant, n'avait dit que
le premier mot. D'autres paroles restaient à
prononcer, dont la plus solennelle ne devait être
émise qu'en 1920. Par quel phénomène, unique
dans l'histoire religieuse, la longue et patiente
ferveur d'une ville, Orléans, concerta ces nouvelles
étapes de la gloire de Jeanne, un prochain article
l'apprendra.

Partie II

De Sainte-Croix d'Orléans à Saint-Pierre de Rome.

I. Les initiatives religieuses d'Orléans : Liturgie, drame, cantiques, monuments.

Même « sorcière, hérétique et relapse, » Jeanne demeura toujours, pour la ville d'Orléans, la « Pucelle digne de Dieu. » Un notaire, là-bas, conserve encore en son étude un registre de 1429, où son lointain prédécesseur, le bon tabellion Guillaume Girault, notait la venue de Jeanne comme « le miracle le plus évident qui eût été apparent depuis la mort de Notre Seigneur. » Les Orléanais pensaient comme ce notaire : pour ce « miracle, » ils ne cessèrent jamais de dire merci à Dieu, et merci à leurs anciens évêques devenus leurs patrons, Monseigneur Saint Euverte, Monseigneur Saint Aignan.

L'habitude datait de la victoire même de Jeanne, et tout de suite elle avait revêtu l'aspect d'une liturgie religieuse. Jeanne, toute première, avec Dunois, avait, le 8 mai 1429, pris part au cortège d'actions de grâces qui devait inaugurer la longue série des processions annuelles dites de Jeanne d'Arc. Au mois de mai 1430, Jean de Saint-Michel, évêque d'Orléans, se reposait dans sa lointaine maison de campagne, lorsque survinrent deux bourgeois de la ville, Raoulet de Harcourt et Jehan Moly : ils avaient consigne de le ramener, sur l'heure, pour la cérémonie que l'on organisait. Leur déplacement et le transport de l'évêque coûtèrent à la ville soixante-huit sols. Orléans voulait prier : il fallait que l'évêque fût là. La démarche de ces deux bourgeois, s'en allant au loin quérir leur pasteur, symbolisait avec exactitude l'initiative civique et patriotique qui, pour la suite des siècles, allait associer au souvenir de la Pucelle l'éclat des pompes religieuses.

Le budget municipal couvrait les frais. Autour des châsses des saints, il fallait des torches : la ville, pour cette cire, s'endettait de cent huit sols : elle adjugeait quatre sols à « Jacquet le prestre » pour le salaire des porteurs de torches, et puis quarante-huit sols, encore, pour les porteurs de châsses, pour les sergents qui maintiendraient la foule, pour les sonneurs de clochettes qui la feraient s'agenouiller, Le cortège s'en fut aux Tourelles, là où Jeanne avait battu l'Anglais ; on revint à Saint-Paul, tout comme Jeanne l'année d'avant, saluer Notre Dame des Miracles ; et puis on rejoignit le cloître Sainte-

Croix, la cathédrale, pour un sermon, pour une messe.

Le sermon dut avoir un accent de triomphe, pouf la merveilleuse façon dont la ville avait été sauvée ; mais la merveille, elle avait un nom, c'était Jeanne ! Comment par la de Jeanne le prédicateur de 1130 ? On voudrait le savoir, et savoir, plus encore, comment la chaire parlera d'elle, au lendemain du bûcher. Mais nos curiosités sont ici mortifiées : les seuls documents qui nous restent nous conduisent, non point au pied de la chaire', mais au guichet du comptable municipal, qui faisait signer, à l'orateur une quittance de seize sols, prix de son sermon.

On doit avoir grande dévotion à la dite procession. Par reconnaissance pour la grande grâce que Dieu a voulu faire et démontrer en gardant Orléans des mains de ses ennemis, que la sainte et dévote procession soit continuée et non pas délaissée, sans tomber en ingratitude, par laquelle viennent beaucoup de maux. Chacun est tenu d'aller à la dite procession et de porter luminaire ardent en sa main. Ainsi s'exprime la *Chronique de l'établissement de la fête du 8 Mai*, écrite quinze ou vingt ans après la délivrance d'Orléans. Un chanoine plus qu'octogénaire, Jean Baudet dit de Mâcon, semble en avoir été l'auteur. « Par aventure, insistait-il, il y a pour le présent des jeunes gens qui pourraient à grand'peine croire que les choses soient ainsi advenues ; mais croyez que c'est chose vraie, et bien grande grâce de Dieu ! » Les petits Orléanais qui n'avaient pas vu, de leurs yeux, la « grande grâce, » devaient donc continuer à la fêter, bien ponctuellement, en dépit des juges de Rouen.

On ne se souvenait du premier verdict rouennais que pour organiser, quelque temps après les alléluias du mois de mai, d'autres prières, douloureuses celles-là. A la veille de chaque Fête-Dieu, dans son église de Saint-Samson, la cité orléanaise, officiellement, faisait célébrer pour Jeanne un service funèbre. Quatre grands cierges, douze tortils, un flambeau, — neuf livres de cire en tout, — éclairaient de leurs incandescences le deuil du sanctuaire, et chacun des quatre grands cierges portait quatre écussons peints aux armes de Jeanne. Et dans la même matinée huit religieux des quatre Ordres Mendiants chantaient, en leurs églises respectives, huit messes des morts. De tous les points de la ville, l'invocation s'élevait pour Jeanne, et vers Jeanne. Il ne restait, ici-bas, aucune relique d'elle : l'Anglais avait tout brûlé, tout dispersé, et se flattait d'avoir aboli sa gloire. Mais Orléans savait où chercher Jeanne, où la trouver.

Le drame sacré, d'ailleurs, était là, pour rapprocher ciel et terre, et pour faire redescendre Jeanne sur cette terre d'où l'Anglais avait voulu l'effacer. Le quinzième siècle fut le grand siècle des mystères, qui naissaient de l'autel et ramenaient les foules au pied de l'autel. Le siège d'Orléans devint le sujet d'un *Mystère* de 20 529 vers. Il semble que dès 1435, et derechef en 1439, une première ébauche en fut représentée. Entre 1430 et 1435 s'attardait « sans cause, » dans Orléans, gaspillant l'argent, et goûtant fort « les jeux, farces et mystères, » le maréchal Gilles de Rais, ancien compagnon de Jeanne, et qui avait vraiment, lui, quelque chose de diabolique, puisqu'il allait peu de temps après devenir le macabre Barbe-Bleue. On a supposé que ce fut lui, — Barbe-Bleue en personne, — qui commanda cette représentation dramatique, pour l'édifiant divertissement des âmes orléanaises. Le succès fut durable : la rédaction du *Mystère* s'amplifiait, et probablement la forme que nous en avons fut fixée, entré 1453 et 1456, par Jacques Millet, qui avait étudié le droit à l'Université d'Orléans. Ce Millet fut célèbre en son temps pour avoir écrit l'*Histoire de la destruction de Troie la grant*, et composé en l'honneur d'Agnès Sorel une plaintive épitaphe. Sur les tréteaux Orléanais, la gloire religieuse de Jeanne aurait donc eu comme mécène un imprésario dénommé Barbe-Bleue, et comme chantre un poète de cour, dont elle partageait avec la gloire plus laïque d'Agnès Sorel les rythmiques hommages.

Le Mystère était comme une riposte de l'art dramatique français à la parodie judiciaire rouennaise. Il entrouvrait les profondeurs du ciel : on voyait l'histoire terrestre de Jeanne s'y préparer, s'y concerter ; on entendait Aignan, et puis Euverte, et puis la Vierge, supplier Jésus d'aider la France. Mais le spectateur, bientôt, reprenait pied sur le sol français : un discret rayon de lumière éclairait la pénombre de cette sorte d'*Annonciution*, dans laquelle saint Michel, à deux reprises, révélait à Jeanne ses destinées. Jeanne, qui sous les regards du public bénéficiait ainsi d'une sorte de sacre, priait humblement :

O mon Dieu et mon Créateur,
Plaise vous moi toujours conduire !

Dieu faisait mieux que la conduire : pour l'aider, il mobilisait deux chevaliers de l'au-delà, Aignan, Euverte : l'Invisible se faisait visible ; les deux saints gardaient les remparts, protégeaient la Pucelle. Ce drame qu'applaudissait toute une ville installait Jeanne dans sa gloire : il ne laissait plus rien ignorer de sa vocation céleste ; les conseils divins livraient a la foule orléanaise tous leurs secrets. Les jeunes gens qui n'avaient pas connu Jeanne la voyaient sur la scène : ils comprenaient la portée des fêtes du 8 mai.

Comme Pâques et la Pentecôte avaient leur vigile, et puis leur lendemain, la délivrance d'Orléans, cette quasi-résurrection de la nation française, se commémora bientôt par trois jours de piété. Le 7 mai, les premières vêpres ; le 8, la fête, procession et sermon ; le 9, le service pour les morts. La mère de Jeanne, Isabelle, qui depuis 1440 était installée à Orléans, pouvait assister au déroulement de ces pompes ; et Jean du Lys, neveu de Jeanne, accourait de sa terre de Villiers pour prendre place dans le cortège, une place de choix. et devant lui l'on portait un cierge auquel était appliquée une petite image de la Pucelle.

Les Orléanais qui bien exactement s'associaient à toutes les cérémonies furent informés, le 9 juin 1452, par le cardinal d'Estouteville, légat du pape, que cent jours d'indulgence seraient désormais leur récompense. A l'encontre des Bourguignons qui persistaient à ricaner que la Pucelle était le diable, ils avaient donc eu raison de penser qu'elle était une grâce, et de bénir le ciel pour ses prétendus sortilèges. Un évêque de Bourgogne, Jean Germain, osait encore écrire, en cette année 1452, que Jeanne n'était qu'une « femme détestable, la risée des femmes, le scandale des hommes, » et que la justice de l'Église l'avait condamnée. Mais silence à Jean Germain ! Un authentique représentant du pape, un cardinal, octroyait aux Orléanais de belles faveurs spirituelles, auxquelles leur propre évêque, Thibault d'Aussigni, ajoutait encore quarante autres jours d'indulgence. En élevant leurs pensées, les 7, 8 et 9 mai, vers cette « femme détestable, » lis gagnaient des grâces. Sorcière ! avait-on dit. En commémorant l'œuvre de cette sorcière, bien loin de se vouer à l'enfer, ils se libéraient d'un peu de purgatoire.

Les fêtes du patriotisme devenaient ainsi des mobilisations de dévotion. Les procureurs de la ville d'Orléans étaient les premiers à s'en réjouir, et bientôt ils allaient eux-mêmes cogner aux portes de ce trésor spirituel dont l'Eglise disposait. Car il ne leur suffisait plus qu'en 1474 l'évêque François de Brilhac eût renouvelé les générosités naguère accordées par Thibault d'Aussigni : ils faisaient une démarche officielle auprès de Jean Bolin, cardinal, évêque d'Autun, et ils obtenaient de lui, en 1482, cent autres jours d'indulgence. C'était décidément une grande fête, dans le calendrier diocésain, que celle de la délivrance d'Orléans.

Oraisons et chants liturgiques n'y faisaient pas mention de Jeanne. Quelque mémoire que l'on gardât d'elle, on avait la discrétion de ne pas lui vouer, officiellement, un culte public ; et c'était saint Aignan, surtout, qui, dans l'office, était l'objet des actions de grâces sacerdotales. Mais si l'on ne parlait pas de Jeanne, tous pensaient à elle, et l'on vit en 1483 des strophes françaises s'entremêler à la liturgie d'Église, pour fêter Jeanne nommément. De temps à autre, en son long parcours, la procession faisait station : à chaque étape, des enfants de chœur, des chanoines postés sur des estrades, entonnaient l'une ou l'autre de ces strophes, que la foule reprenait. Pour les avoir versifiées, Eloi d'Amerval, qui dirigeait à Sainte-Croix la maîtrise de chant, toucha quatre écus d'or. Ces façons de liturgie populaire marquaient une grande nouveauté : c'est à Jeanne elle-même que ces strophes disaient merci.

Commune d'Orléans, élevez votre voix,
En remerciant Dieu et la vierge sacrée ;
Quand jadis, à tel jour, huitième de ce mois,
Regarda en pitié le peuple Orléanais
Et d'elle-même chassa nos ennemis anglais
Que le duché en fut en joie délivré.

Les motets se poursuivaient, célébrant « Pucelle bergère, qui pour nous guerroya par divine conduite. » Et de strophe en strophe, Eloi d'Amerval devenait si violent contre les Anglais, que lorsque Louis XII eut épousé Marie d'Angleterre, ordre fut donné, en 1514, d'oublier ce cantique.

Mais sous ce même règne de Louis XII où les susceptibilités gouvernementales exilaient des lèvres orléanaises ces dévots couplets, l'Hôtel de Ville d'Orléans s'ornait d'une imago de Jeanne, dressée sur l'un des piliers de la façade ; et la simple croix qui depuis 1456 rappelait, à l'entrée du pont, le souvenir de la Pucelle, faisait place, entre 1502 et 1508, à un monument plus imposant, représentant Jésus crucifié, et sa mère debout au pied de la croix, et de part et d'autre, prosternés et priant, Charles VII et Jeanne d'Arc. Il parait, si nous en croyons une légende que recueillait en 1560 le touriste Pontus Heuterus, prévôt d'Arnhem, que ce monument fut érigé par les soins et aux frais des dames et jeunes filles d'Orléans.

Savaient-elles ; en l'érigeant, qu'elles ne travaillaient pas seulement pour leur ville ? Lorsque sous Henri IV le chanoine Hordal, arrière-petit-neveu de la Pucelle, voudra lui faire élever des statues dans la cathédrale de Toul, et puis à Domrémy, près du Bois-Chenu, dans la chapelle ressuscitée, de l'ermitage Sainte-Marie, c'est la Jeanne d'Arc du pont d'Orléans, gravement endommagée par les calvinistes, mais soigneusement restaurée en 1570, qui servira de modèle aux « ymagiers » des Marches de l'Est. Pour revoir la Pucelle, pour remettre ses traits sous les yeux du-peuple chrétien, c'est vers Orléans que la piété lorraine regardera, et dans Orléans qu'elle s'inspirera.

II. La légèreté des histoires de cour.

Ainsi veillait Orléans sur la gloire de Jeanne ; mais à Paris, après avoir ébauché le travail dont la Pucelle était sortie réhabilitée, la royauté française semblait se reposer. Certaine théorie d'origine bourguignonne, d'après laquelle la mission de Jeanne n'aurait été qu'un stratagème inventé par l'entourage de Charles VII pour réchauffer l'enthousiasme national, était ouvertement soutenue, en 1439, devant le Congrès de Mantoue, par l'évêque d'Arras, Jean Jouffroy. Mais soudainement sa voix s'intimidait, coupait court : « Comme l'on dit, continuait-il, que Charles VII porte aux nues cette Pucelle, et que du temps d'Alexandre, ainsi que l'écrit Cicéron, l'on ne pouvait écrire que ce qu'agréait Alexandre, je cesserai, selon l'avis de Plaute, de presser l'abcès. » A la faveur de cette pédantesque pirouette. Jean Jouffroy sautait à d'autres sujets.

Charles VII passait encore pour s'intéresser à la Pucelle. Mais les rois du XVIe siècle furent réputés moins susceptibles ; la solidarité entre l'honneur de cette femme et l'honneur de leur trône parait leur avoir échappé. Guillaume du Bellay, seigneur de Langey, dans ses *Instructions sur le fait de la guerre*, publiées en 1540, rendait quelque fraîcheur aux insinuations bourguignonnes : l'usage qu'avait fait Charles VII de la Pucelle lui rappelait l'histoire de la nymphe Egérie, artificieusement exploitée par Numa Pompilius. François Ier laissait dire… C'était l'époque où, dans ses *Annales de Flandre*, un prêtre de Bruges, Jacques Meyer, tout passionné qu'il fut, dans le passé, pour la cause de la maison de Bourgogne, célébrait le don de la Pucelle à la France comme un effet de « l'immense clémence de Dieu : » les mauvaises insinuations fabriquées contre elle par des Bourguignons du XVe siècle s'étaient désormais réfugiées dans Paris. Charles IX, non moins tolérant que François Ier, faisait un « historiographe de France » de ce sieur du Haillan, qui, dans un livre de l'année 1570, colportait sur Jeanne des infamies, et qui réputait vraisemblable qu'il n'y eût dans toute cette histoire qu'un « miracle composé d'une fausse religion. » L'ancien Franciscain André Thevet, cosmographe d'Henri III, visait peut-être ces lignes, lorsqu'il écrivait, en 1584, dans ses *Vrais portraits et vies des hommes illustres* : « Ce serait vouloir résister à la divine volonté de calomnier ce que Dieu fait ou permet pour la délivrance, maintien et illustration d'un peuple. » Mais les méchantes suppositions de du Haillan auront la vie dure : on les retrouve encore en 1639, dans les *Considérations politiques sur les coups d'État*, publiées par le libertin Gabriel Naudé.

III. Premiers regards jetés sur les procès de Jeanne : l'œuvre historique du théologien Richer.

Deux dossiers pouvaient donner accès dans l'âme de Jeanne : le procès de condamnation, le procès de réhabilitation. Ils demeuraient manuscrits ; la France les ignorait. Il y eut, au début du XVIe siècle, un prêtre humaniste pour y jeter les yeux. Valerand de la Varanne, docteur en théologie de la Faculté de Paris, était réputé surtout pour fêter en beaux dithyrambes latins les victoires de Louis XII ou ses bonnes fortunes matrimoniales. Un jour, en quête d'un sujet, il s'en fut à l'abbaye parisienne de Saint-Victor, qui possédait depuis 1472 une copie des deux procès : il la feuilleta, et de ses lectures sortait, en 1516, un long poème latin sur « les gestes de Jeanne, la vierge française, guerrière illustre. » Était-ce acte de foi ? Etait-ce recette d'épopée ? Toutes les puissances du ciel, et spécialement la Sainte Vierge et saint Charlemagne, s'intéressaient, dans ce poème, à la mission de la jeune fille. Elle avait les mains trop tachées de sang : ainsi l'exigeait, peut-être, la fougue des descriptions. Mais Valerand pensait probablement atténuer ces taches, en mettant sur les lèvres de Jeanne, au moment où déjà les flammes l'entouraient, une adjuration à l'Éternel, dans laquelle elle le prenait à témoin de son dégoût pour les boucheries.

Les deux procès, à la fin du XVIe siècle, trouvèrent un autre lecteur, le magistrat Estienne Pasquier. « Grande pitié ! s'écriait-il en 1596 dans ses *Recherches sur la France*. Jamais personne ne secourut la France si à propos et plus heureusement que cette Pucelle, et jamais mémoire de femme ne fut plus déchirée. » Les historiographes qui, « pires que l'Anglais, ôtaient à Jeanne l'honneur, » recevaient de Pasquier la plus verte leçon : « Par un même moyen, déclarait-il, ils ôtent l'honneur à France, quand nous appuyons le rétablissement de notre État sur une fille déshonorée. » Il affirmait, en face d'eux, que « toute la vie et histoire de Jeanne fut un vrai mystère de Dieu. »

Est-ce sous l'impression de ces chapitres d'Estienne Pasquier que Jacques Joli, régent au collège de Navarre, cherchant en 1608 un grand sujet pour faire pérorer les élèves, choisissait le procès de Jeanne d'Arc ? Huit jeunes rhétoriciens s'escrimèrent, discutant sur ses habits, et sur ses visions, et sur ses sortilèges, et, pour rester fidèle à l'histoire, le président de cette séance scolaire condamna Jeanne au bûcher. Jacques Joli projetait une seconde joute, qui mettrait en relief l'innocence de Jeanne ; il ne semble pas qu'elle ait eu lieu.

A l'écart de ces jeux scolaires, un célèbre théologien de l'Eglise gallicane, Edmond Richer, se courbait longuement sur les précieux manuscrits où Pasquier s'était éclairé. Que n'imprimait-on « cent ou cent-vingt exemplaires » de ce procès ! « J'offrirais volontiers ma peine et mon travail, proposait Richer, pour revoir et conférer les copies et impressions sur les originaux. » En attendant, il allait, d'après ces pièces, écrire la vie de Jeanne. Ouvrant la biographie latine que publiait en 1612 le chanoine Hordal, Richer n'y rencontrait qu'un bien maigre récit, avec une collection d'intéressantes citations, empruntées à toutes sortes d'auteurs : la Pucelle méritait mieux. « Pour faire connaître à ma patrie, expliquait Richer, combien après Dieu elle est obligée à cette fille qui ne parlait que très bon français, j'ai mieux aimé l'écrire en notre langue, afin que ceux qui n'entendent pas le latin, et même les femmes et les filles, y puissent profiter et reconnaître les merveilles de Dieu envers le royaume de France. » Il voulait, aussi, que les « nations étrangères » profitassent ; et comme elles « ne pouvaient voir, sur le pont d'Orléans, » la croix monumentale élevée en l'honneur de Jeanne, il se proposait de leur en « donner connaissance, » par une gravure. Et pour commenter cette image, Richer, fouillant le livre des *Juges*, adaptait à Jeanne le cantique de Débora, « mère-en Israël ; » il

81

disait aux « nations étrangères : » « Les hommes vaillants ont défailli en France jusques à ce que la Pucelle s'est levée, voire s'est levée comme la mère des Français. » Un historien l'avait salie, Du Haillan. Ce seul nom mettait en colère Edmond Richer : « Je ne puis me persuader, grondait-il, que Du Haillan, natif de Guyenne, ne fût de quelque extraction anglaise, n'ayant pu celer la haine qu'il portait à cette vierge. »

Il y a quelque chose d'attachant dans cette sollicitude de prêtre, — l'une des célébrités de la faculté parisienne de théologie, — qui semble vouloir réparer quelques-unes des iniquités commises à l'endroit de Jeanne par les universitaires du XVe siècle. Mais hélas ! l'homme propose et la mort dispose : Richer succombe avant d'avoir pu envoyer son œuvre au prote ; elle s'ensevelit dans la bibliothèque du roi, où ni les femmes ni les filles ni les nations étrangères n'iront la chercher. Quelques érudits la connaîtront ; un d'eux, Lenglet Dufresnoy, la pillera sans vergogne, pour en tirer sous son propre nom, en 1753, une *Histoire de Jeanne d'Arc*, la première monographie imprimée dont Jeanne, après trois cents ans d'attente, ait été l'objet ; et c'est en 1912 seulement que le manuscrit même de Richer sera livré au public, en deux volumes, par l'initiative opportune d'un chanoine toulousain. Infortuné Richer ! Il pouvait et voulait être l'ouvrier d'une gloire encore obscure, celle de Jeanne ; et c'est seulement lorsque les honneurs romains l'auront illuminée, qu'un reflet de cette gloire se posera sur le poussiéreux manuscrit du gallican Richer.

IV. Ce que dut la gloire de Jeanne aux féministes et aux Jésuites.

On se faisait volontiers de Jeanne, aux XVIe et XVIIe siècles, l'image d'une amazone qui avait tout à la fois dérogé aux lois de son sexe et fait à ce sexe beaucoup d'honneur ; et sans informations sérieuses, on épiloguait sur cette histoire. En 1600, dans le poème du sieur de Graviers, Jeanne était une façon de bouchère, qui, brandissant un couteau, criait : « Empourprons, empourprons ce coutelas de sang. » Malherbe voyait en elle un Hercule féminin, et se consolait ainsi du bûcher :

Celle qui vivait comme Alcide
Devait mourir comme il est mort.

L'abbé d'Aubignac, dans une tragédie en prose, lui donnait un Anglais pour amoureux. Il y avait plus d'intelligence chez l'honnête Chapelain ; lorsque dans son poème Jeanne disait :

... Exaltez moins une simple bergère ;
Je n'agis point par moi, qui ne suis que faiblesse ;
J'agis par l'Éternel ; c'est lui qui par mon bras
Apporte aux uns la vie, aux autres le trépas,

elle se présentait, bien nettement, comme l'instrument de Dieu. Mais elle pâtissait de l'insuccès même de Chapelain. Un soir de 1663, La Fontaine traversait Orléans : l'idée lui vint de passer le pont, pour voir le soleil se coucher sur la ville. Jeanne à genoux devant le Christ, au bout du pont, détourna ses regards, mais pas pour longtemps. Il racontait à sa femme :

Je vis la Pucelle ; mais, ma foi, ce fut sans plaisir : je ne lui trouvai ni l'air ni la taille ni le visage d'une amazone : l'infante Gradafilée en vaut dix comme elle ; et si ce n'était que M. Chapelain est son chroniqueur, je ne sais si j'en ferais mention. Je la regardai, par amour de lui, plus longtemps que je n'aurais fait. Elle est à genoux, devant une croix, et le roi Charles en même posture vis-à-vis d'elle, le tout fort chétif et de petite apparence. C'est un monument qui se sent de la pauvreté de son siècle.

La Pucelle, pour La Fontaine, c'était une cousine historique des femmes de l'*Amadis*, une demi-sœur de la demi-géante Gradafilée, une héroïne de roman plantée par hasard dans l'histoire. Les Orléanais la lui montraient à genoux ; il ne comprenait pas ; La vie de Jeanne, ainsi conçue, devenait une anecdote en marge de l'histoire de France ; elle cessait d'être une page, et la plus belle, de toute notre histoire.

Jeanne, depuis le milieu du XVIe siècle, offrait argument aux galants auteurs qui voulaient entreprendre l'éloge de la femme : elle figurait dans le *Miroir des femmes vertueuses*, que publiait en 1546 Alain Bouchard ; elle se dressait en belle armure dans ce *Fort inexpugnable de l'honneur du sexe féminin*, que maçonnait en 1555 François de Billon ; et quand Jean de Marconville, gentilhomme percheron, devisait en 1564 « de la bonté et *mauvaistié* des femmes, » Jeanne lui servait à prouver leur bonté. Elle opérait même ce miracle, de rendre quelque bon sens à Guillaume Postel, un pauvre détraqué, qui cherchait « le Messie propre au sexe féminin ; » dans le fol écrit qu'il intitulait en 1553 : *Les très merveilleuses victoires des femmes du nouveau monde*, Postel devenait presque équilibré lorsqu'il parlait de Jeanne. « Quiconque ne croit pas en elle, déclarait-il, mérite d'être excommunié comme destructeur de la patrie. » Il voyait dans son histoire la « démonstration très claire que Dieu a plus de providence, cure et sollicitude de la France, qu'il n'a de tous les États temporels ; » et il ajoutait, car c'était un excité : « Ses faits sont chose nécessaire à maintenir, autant que l'Évangile. » Il y eut ainsi, de bonne heure, toute une lignée de féministes, qui, portés par leur désir même d'exalter Jeanne, servirent sa gloire religieuse.

> *« Si le ciel l'eût laissée dans la maison de son père, il ne posséderait pas une des plus belles lumières de son firmament, et l'Église serait privée de l'intercession et des prières d'une sainte et de l'exemple d'une héroïne. »*

Vous trouvez cette phrase dans un livre de l'année 1665, qui s'intitule : *Les dames illustres, où par bonnes et fortes raisons il se prouve que le sexe féminin surpasse en toutes sortes de genres le sexe masculin.* Et la bonne et forte raisonneuse s'appelle Damoiselle Jacquette Guillaume. Son féminisme induit cette demoiselle, deux cent cinquante ans avant l'Église, à canoniser Jeanne d'Arc.

D'une façon moins pétulante, mais plus efficace, un certain nombre d'auteurs religieux commençaient à trouver, dans la contemplation de l'âme de Jeanne ou dans le récit de sa vie, un sujet d'édifiantes leçons : ils appartenaient en général à la Compagnie de Jésus. Dès 1580, le goût même des Jésuites pour les représentations dramatiques avait appelé leurs regards sur l'héroïne : un de leurs tout jeunes Pères, Fronton du Duc, avait cette année-là, au collège de Pont-à-Mousson, fait jouer devant le duc de Lorraine une *Histoire tragique de la Pucelle*, en cinq actes. Sans l'aveu de l'auteur, cette pièce fut imprimée : la première indiscrétion qui dérobait à l'ombre des collèges le théâtre scolaire des Jésuites fut ainsi un hommage à la gloire de Jeanne d'Arc. L'hommage, quelle qu'en fût la médiocrité littéraire, nimbait déjà d'une ébauche d'auréole les vertus chrétiennes de Jeanne. Le portrait que traçait d'elle un gentilhomme de sa garde était comme un sommaire de sa sainteté. Le chœur, — c'était, en l'espèce, le menu peuple des élèves, — s'emportait contre Cauchon, l'évêque qui l'avait méconnue.

> *Est-ce ainsi, ô pasteur lâche,*
> *Qui dois souffrir qu'on te hache*
> *Et tue pour ton troupeau,*
> *Que cette brebis tu donnes*
> *Au gré des bouches félonnes*
> *Des loups, craintif de ta peau !*
> *Mais las ! ce n'est pas merveille*
> *Si tout pasteur point ne veille,*
> *Car même le roi des cieux*
> *Eut pour disciple le traître*
> *Qui livra son propre maître*
> *Ès mains des Juifs envieux.*

On estimait, à Pont-à-Mousson, que, même devant des écoliers, il n'y avait pas de voile à jeter sur les méfaits d'un évêque : la tragédie de ce jésuite ignorait l'art de biaiser.

Sur une autre scène scolaire, en 1629, la mission religieuse de Jeanne fut glorifiée. Les acteurs, cette fois, étaient les étudiants de l'université de Louvain ; et l'auteur de la tragédie latine, Nicolas de Vernulz, professait l'histoire au collège des Trois Langues et fut trois fois recteur de la glorieuse université. La prière suprême qu'il mettait sur les lèvres de Jeanne attestait qu'il l'avait comprise :

> *« C'est ta force qui a poussé ce bras : je n'ai rien pu par moi-même. Accorde à la Pucelle le prix qu'elle attend de toi : toi-même, mon Dieu, et ton paradis. Accorde encore, dans ta bonté, à mon dernier vœu, que les Français recouvrent toute la France. Si les Anglais ont à se reprocher quelque chose envers moi, je leur pardonne en mourant, et je meurs avec joie. »*

Tandis que Jeanne, sur les tréteaux, était ainsi proposée à l'admiration d'un auditoire chrétien, des écrivains de spiritualité transformaient sa vie en une leçon de choses, fille avait aimé la Vierge, et la Vierge l'avait aimée : cela suffisait pour qu'en 1630 le P. Poiré s'occupât longuement d'elle, dans sa *Triple couronne de la bienheureuse Vierge Mère de Dieu*, véritable encyclopédie dévote en l'honneur de Marie. Le P. de Ceriziers, aumônier de Louis XIII, écrivant en 1639 son livre des *Trois états de l'innocence*, élisait Jeanne comme type de l'innocence opprimée ; le P. François Lahier lui réservait une niche, en 1645, dans son *Grand Ménologe des Vierges* ; le P. Pierre Lemoyne l'introduisait, en 1648, dans l'imposante *Galerie des femmes fortes* ; et dans le volume de sa *Cour sainte* consacré aux reines et dames, le P. Caussin, en 1664, avant d'énumérer avec des traits d'âpre satire « les neuf catégories de femmes qui ne sont ni plaisantes ni louables, » portraiturait Jeanne et s'inclinait devant elle. Ainsi les Jésuites introduisaient-ils Jeanne dans ces galeries d'âmes triomphantes à travers lesquelles ils promenaient les âmes terrestres, militantes encore. On sentait, à vrai dire, dans l'aménagement de ces architectures, quelque chose d'un peu conventionnel, où la nature primesautière de Jeanne, et tout ce qu'il y avait d'étincelant dans l'ardente jeunesse de son âme, risquait de s'éteindre. Mais ces écrivains eurent l'incontestable mérite de faire de la Pucelle un thème de littérature spirituelle ; et pour le développement de sa gloire religieuse, c'était là chose capitale. « Nous regarderons son envoi, déclarait le P. de Ceriziers, comme un des plus illustres miracles dont le ciel mérite notre reconnaissance. » C'est « un coup de Dieu admirable, » reprenait le P. Caussin, et il le prouvait.

Hors de France, même, la vie religieuse de la Pucelle devenait une leçon de choses : nous en avons la preuve dans le sermon qu'un Jésuite bavarois, Michel Pexenfelder, proposait en 1680 aux curés de l'Allemagne. Il accumulait dans son *Discoureur historique (Contionator historicus)* des sujets de prêches, qui visaient à « charmer et à instruire, par des exemples d'événements rares, expliqués pour la vie morale. » De Munich, il regarda vers Jeanne d'Orléans, « l'Amazone gauloise, pieuse, brave, victorieuse, vierge. » Il transportait ses auditeurs dans un solennel portique, où Débora, Jahel et Judith faisaient face à Penthésilée, Sémiramis, Clélie et Cléopâtre. Son désir d'installer Jeanne en cette illustre compagnie lui voilait, semble-t-il, la douce et compatissante pitié de la Pucelle : il la montrait « s'élançant parmi les escadrons ennemis, faisant des cadavres, les piétinant. » A peine même était-elle une femme, puisque, à entendre Pexenfelder, le mot femme, *mulier*, dérivait de *mollities*, mollesse. Il n'y avait assurément, à l'origine de son admiration pour Jeanne, aucun engouement féministe.

Il est vraisemblable que cet Allemand se serait complu dans l'évocation d'une Pucelle extrêmement brutale, s'il n'avait eu sous les yeux les pages nuancées, attendries, de ses confrères français, un Poiré, un Caussin ; il les citait au sujet de ce « vase d'élection dans lequel l'Esprit Saint répandait abondamment ses dons, surtout celui de force, » et puis il concluait :

> *Mandée par Dieu pour arracher à l'extrême ruine le royaume des Gaules, Jeanne mérite d'être comptée parmi les tout premiers exemples de femmes illustres : Vierge, et admirable de beauté, chaste parmi les soldats, sainte dans la vie des armes, pure parmi les dangers, inébranlée parmi les âpres mêlées, porte-drapeau des soldats, victorieuse parmi les calomnies, pleine de vie au milieu des flammes.*

Et Jeanne, par, sa vie, donnait en trois points trois leçons. Elle attestait la puissance de Dieu, qui se sert des brebis pour terroriser les lions. Elle témoignait, par sa bonté pour les pauvres, que « les palmes de gloire se cueillent sur l'arbre de la miséricorde. » Elle remontrait aux jeunes gens, par son exemple, qu'il fallait haïr lits de plume et coussins.

Par sa mort, aussi, Jeanne prêchait, et Pexenfelder interprétait son langage : « Malheur aux juges, s'écriait-il, lorsque, préoccupés de la faveur des grands et des princes, ils condamnent des innocents comme coupables ! Que de fois les tribunaux défaillent en faveur du riche, du noble, du puissant, de qui l'on espère un office ou un bénéfice ! »

Le Jésuite, avant de descendre de chaire, voulait laisser à ses auditeurs une impression visuelle : derechef, les ramenant sous le beau portique, il y faisait surgir Jeanne, casquée, cuirassée, drapée dans un manteau militaire, sa houlette dans une main, son épée dans l'autre Un piédestal grandissait sa stature ; et Pexenfelder, pieusement agenouillé, y gravait une inscription, sur laquelle Jeanne elle-même parlait. Jeanne disait aux passagers du portique :

Protection de la Gaule, terreur de l'Angleterre, soldat dans un corps de pucelle, homme dans un corps de femme, sur l'ordre de Dieu, je quittai les bergeries pour les camps ; je tombai de cheval dans un fossé, et ma chute prit place parmi les catastrophes éclatantes ; les ennemis en désordre étaient taillés en pièces, lorsque la fortune, sans flèche, me précipita ; et jusqu'à la fin j'attestai dans le feu la foi jurée à Dieu et au Roi de France. Les Anglais, tant de fois vaincus, eurent honte de devoir une palme à une femme ; parce que par mes victoires je leur faisais du mal, je fus condamnée comme sorcière ; par un faux jugement ils m'attachèrent au bûcher, pour étouffer mon nom sous une cendre infâme ; la flamme épargna mon cœur ; devenue plus lumineuse par le feu, je resplendis pour la postérité.

La physionomie de Jeanne s'exhibait ainsi comme un exemple, sous la plume des moralistes de la Compagnie de Jésus ; et les historiens appartenant à la Compagnie, un Mariana en Espagne à la fin du XVIe siècle, un P. Daniel en France à la fin du XVIIe, lui prêtaient un relief et des couleurs qui justifiaient cet enseignement moral.

V. Comment Orléans, aux XVIIe et XVIIIe siècles, entendit prêcher sur la Pucelle.

Orléans continuait d'honorer sa Pucelle, et même, à certaines heures, s'incarnait en elle. Lorsqu'au 13 juillet 1614 le petit Louis XIII y fit son entrée, c'est sur les lèvres de la Pucelle que l'orateur de la cité plaçait des vers prophétiques concernant l'enfant royal ; elle prédisait à Louis XIII qu'il prendrait Jérusalem! La Pucelle, sa vie durant, avait été bon prophète ; mais en prosopopée, elle cessait de l'être.

Les fêtes annuelles de mai devenaient de plus en plus nettement la glorification de Jeanne. Le guidon peint au XVIe siècle, que l'on portait à la procession, et qui représentait la Vierge-mère ayant à ses genoux, en prières, Charles VII et Jeanne d'Arc, avec deux anges à droite et à gauche, se nomma définitivement, à partir de 1659, « le guidon de la Pucelle. » Le sermon commença de s'intituler, au XVIIe siècle : *Discours sur la Pucelle d'Orléans et sur la délivrance de cette ville* ; et puis, au XVIIIe siècle, lorsque la rhétorique de Thomas eut mis à la mode les « éloges, » on appela ce discours : *Éloge de Jeanne d'Arc*. L'œuvre de justice qu'avait accomplie la papauté du XVe siècle trouvait ainsi dans la chaire d'Orléans son commentaire, et ce commentaire était une préface pour les futures exaltations.

Le premier de ces discours de mai dont nous possédions le texte date de 1672 : M. Henri Stein qui l'a retrouvé, l'attribue, pour des raisons excellentes, au P. Senault, le célèbre prédicateur de l'Oratoire, un instant supérieur des Oratoriens d'Orléans. Senault, avant de prononcer son discours, avait eu sous les yeux le *Martyrologe gallican*, dans lequel, en 1637, André du Saussay mentionnait le martyre de Jeanne, et l'*Histoire de l'Église d'Orléans*, écrite en 1646 par Symphorien Guyon, dans laquelle « la Bienheureuse Jeanne d'Arc, Pucelle d'Orléans, » figurait parmi les saints personnages du diocèse. Parallèlement aux gestes de Moïse, libérateur d'Israël, Senault déroula les gestes de Jeanne, libératrice de la France. Il s'enthousiasmait pour cette « divine fille, qui a été le prodige de son siècle, qui est encore l'admiration de tous les peuples qui lisent nos histoires. » Et deux cent vingt-huit ans avant l'acte de Benoît XV, Senault adressait aux Orléanais cet appel :

Proclamons-la mille fois bienheureuse, adressons-lui nos prières, invoquons-la dans nos besoins. L'Église, qui permet que son nom soit écrit dans les martyrologes et qui veut bien que l'on appelle sa mort un véritable martyre, martyrium Joannae puelae (c'est ainsi que cette mort est marquée dans le martyrologe de France), l'Église qui par son oracle a justifié la mémoire de Jeanne d'Arc, et qui a reconnu sa foi, sa pureté, son innocence, ce qui certes est une canonisation bien solennelle, l'Église, dis-je, qui honore ainsi l'admirable Pucelle d'Orléans, entend que nous la réclamions comme une sainte.

L'âge des philosophes survint : Orléans, défiant leurs sourires, persistait, à chaque printemps, à parler de Jeanne à la France. Il n'était pas toujours inutile de rappeler qu'elle avait existé, puisque l'on voyait un historien comme Boulainvilliers, consacrant cent pages au règne de Charles VII, s'abstenir d'y nommer la Pucelle et glorifier, pour le relèvement de la France, Agnès Sorel... Et ce n'était pas, non plus, chose oiseuse, de remettre sans cesse en relief le caractère religieux de cette héroïque personnalité, puisque le sculpteur Pigalle, à qui les Orléanais avaient songé pour un monument de Jeanne, leur proposait de l'habiller en Pallas, ayant à ses pieds un léopard terrassé. On ne donna pas suite au projet de Pigalle, et la gloire religieuse de Jeanne n'y perdit certainement rien.

Près de quarante ans durant, le XVIIIe siècle s'intéressa fort à des copies clandestines, et puis à des éditions clandestines, et puis à l'édition, définitivement avouée, d'un poème qui souillait Jeanne. Il fallut que ce siècle atteignît quatre-vingt-neuf ans pour cesser d'aimer à rire ; on eût dit qu'il se vengeait, par le sarcasme, de tout ce qui le dépassait. Voltaire fit rire, aux dépens de la Pucelle, le Paris d'alors. La légende ébruitée dès le XVe siècle par le Bourguignon Monstrelet, et qui faisait de Jeanne une ancienne servante d'auberge, s'attardait encore dans le *Dictionnaire philosophique*, et aussi dans l'*Encyclopédie*, fort sévère pour les « auteurs pieusement imbéciles » qui parlaient des visions de Jeanne.

Ces mauvais courants d'ironie ne frôlaient même pas l'âme orléanaise : elle demeurait la disciple de la chaire de Sainte-Croix. La municipalité, non contente de donner aux prédicateurs, pour leurs honoraires, vingt livres de sucre et vingt livres de bougie, leur faisait parfois l'honneur d'envoyer leurs discours à l'impression. Le Jésuite Claude de

Marolles fut en 1759 le premier bénéficiaire de cette générosité, dont on eut six exemples au cours du XVIIIe siècle.

Parfois, chez ces prédicateurs, l'esprit de l'époque se faisait sentir : chez le Génovéfain De Géry, par exemple, déclarant en 1779 que, pour « ménager la délicatesse du siècle, » il se tairait sur les révélations de Jeanne. Mais ce qu'il y avait, dans l'épopée de la Pucelle, de contraire aux prévisions du bon sens humain aidait la chaire d'Orléans à humilier le déisme De Alarolles s'écriait :

Eh quoi ! nous hommes éclairés par le flambeau des sciences nouvelles, qui, dans la balance du grand Newton, pesons les astres mêmes, et sur les pas du sage Locke apercevons la pensée au sein de la nature, qui réduisons tous les dogmes aux oracles de la raison et ramenons presque tous les devoirs aux penchants de la nature, nous eussions, en conséquence de nos brillants principes, embrassé avec confiance tous les moyens qui devaient perdre la patrie et rejeté, sans balancer, la voie unique du salut, que le ciel offrit à nos pères !

On relève aussi, chez plusieurs de ces orateurs, un curieux penchant à poursuivre sur les idées anglaises, importées en France par la philosophie de l'époque, la victoire remportée par Jeanne sur les armées anglaises. Il leur déplaît que l'Anglais, ce vaincu du XVe siècle, rentre chez nous par ses penseurs, par ses théoriciens politiques. Au demeurant, ils sont à l'aise pour parler, puisque durant cette époque les gouvernements de Londres et de Paris sont en conflit. L'abbé de Géry se réjouit que la victoire de Jeanne ait dérobé la France à celle « puissance étrange où les sujets sont indociles, où les maîtres sont impérieux, où le schisme règne. » Le prieur Soret, l'orateur de 1781, qui devait douze ans plus tard coiffer le bonnet rouge, contemple avec affectation, au-delà de l'Atlantique, le nouvel « État républicain » que vient de fonder « le génie, la patience, la fermeté et le courage d'un homme aussi étonnant par ses connaissances que par sa politique ; » et la prière de Soret s'élève, à demi-ironique peut-être, pour demander à Dieu d' « accorder à la nation anglaise des yeux plus clairvoyants sur ses propres intérêts, et qui la portent à ne plus fatiguer ses colons à force d'iniquités. »

La chaire orléanaise devenait une tribune d'où l'on attaquait l'Angleterre, et, aussi, les anglicisants de France. De Géry stigmatisait la « manie avilissante » qui portait, un grand nombre de Français à « copier les manières et les usages de cette nation ennemie. » Il voulait bien pardonner à l'Angleterre la « sombre mélancolie » qu'elle introduisait dans notre littérature, et concédait, même, qu'elle nous eût peut-être procuré « des lumières relatives aux sciences humaines. » Mais il ne permettait pas qu' « elle ébranlât, par les principes insensés de quelques-uns de ses écrivains, les fondements de la religion et des mœurs, » Les auditoires catholiques sur lesquels planaient ces harangues devaient garder cette impression, qu'ils avaient à continuer l'œuvre de Jeanne, en « boutant, » à leur tour, l'esprit anglais hors du sol français. Dans les luttes contre le « philosophisme, » le souvenir de Jeanne, évoqué par la chaire orléanaise, faisait front aces courants d'idées auxquels les *Lettres philosophiques* de Voltaire avaient jadis ouvert la France.

VI. Un collaborateur de la piété Orléanaise : Bonaparte.

Orléans, sous la Révolution, connut une grande souffrance : l'administration départementale exigea qu'on fit disparaître la *Déposition de Croix* où figuraient Jeanne d'Arc et Charles VII. Comme les processions elles-mêmes, cette image devait succomber. « Mais il n'y a pas là un signe de féodalité, objectait douloureusement le conseil général de la commune ; ce n'est qu'un acte de reconnaissance envers l'Etre suprême. » Il n'importait : on voulait des canons, et ce monument était de bronze. Un des canons fut baptisé du nom de Jeanne d'Arc, pour attester la ténacité des souvenirs.

Mais, en 1802, dès que le Concordat eut rendu la paix à la France, Orléans voulut, sur une de ses places, revoir la Pucelle. Une souscription s'ouvrit, pour les frais du monument nouveau. « Quel moment plus propice, lisait-on dans l'appel, que celui où le guerrier pacificateur a réuni les débris de nos autels dispersés, rappelé des ministres errants et proscrits, et rétabli sur ses bases inébranlables le culte antique et sacré qui produisit tant d'hommes illustres et d'intrépides guerriers ! » On eut bientôt une réponse, dont l'instigateur avait nom Bonaparte. Il ordonnait qu'on fît savoir au maire d'Orléans que ce projet de monument lui était très agréable. « L'illustre Jeanne d'Arc, déclarait-il, a prouvé qu'il n'est pas de miracle que le génie français ne puisse produire, dans les circonstances où l'indépendance nationale est menacée. » L'évêque Bernier, qui avait aidé au Concordat, jugea l'heure propice pour le rétablissement des fêtes du 8 mai : il sonda Portalis, en lui présentant ce dessein comme la consécration de la nouvelle politique religieuse. Bernier se penchait sur l'ancienne liturgie de ces fêtes ; il la remaniait ; il y mêlait des détails, des allusions, qui devaient plaire à Bonaparte. Tout cela est « bon et piquant, » jugeait Portalis. Chaptal, ministre de l'Intérieur, eut mission d'arrêter un dispositif des solennités : le 8 mai 1803, Jeanne, dans Orléans, recommença d'être commémorée. Un an plus tard, le même cortège se renouvelait : on inaugurait, en cette année 1804, la statue achevée par le sculpteur Gois ; et l'Allemand Bertuch notait sur son carnet que des paysans s'agenouillaient devant elle avec dévotion et priaient la, Pucelle comme on prie une sainte.

Tous les pouvoirs publics participaient à la résurrection de ces pompes : la France du régime moderne se mettait officiellement à la disposition de l'Eglise pour cheminer avec elle en l'honneur de Jeanne. Tandis que, sous l'ancien régime, c'étaient le maire et les échevins qui invitaient le chapitre à conduire la procession, des décisions gouvernementales, en 1803 et 1805, assurèrent à l'évêque, à l'encontre des revendications du maire d'Orléans, la prérogative de convoquer les autorités, de régler la marche du cortège, de choisir l'orateur qui prêcherait sur la Pucelle. La France napoléonienne, estimant, selon le mot de Portalis, que « tout ce qui peut lier la religion a l'amour de la patrie » mérite d'être protégé, confiait à l'autorité épiscopale d'Orléans le soin de faire honorer Jeanne.

Ainsi se renouaient les traditions séculaires, avec la collaboration empressée de l'Etal. Bonaparte s'intéressait à Jeanne comme jamais ne l'avait fait, avant lui, aucun des rois dont elle avait raffermi la dynastie : le caractère national de l'héroïne était sanctionné par la France officielle, dans les cérémonies mêmes qui, d'autre part, ratifiaient sa gloire religieuse.

Vingt ans plus tard, le romantisme surgissait. Il aimait, d'une passion quelquefois un peu brumeuse, les apparitions historiques où s'incarnait l'âme des peuples, les personnalités où des consciences collectives se résumaient et s'exprimaient : il fut séduit par Jeanne, et l'on vit éclore, en 1841, l'hymne de Michelet en l'honneur de la jeune fille qui avait « couvert de son sein le sein de la France. » Jules Quicherat, cette même année, commença la publication des *Procès de condamnation et de réhabilitation*, qui devait s'achever en 1849 : les sources de l'histoire de Jeanne étaient dorénavant accessibles à la curiosité française. La France, pour savoir quelque chose de Jeanne, n'avait plus besoin de guetter les échos d'Orléans.

VII. L'épiscopat de Félix Dupanloup : les appels de la Chair Orléanaise à Londres et à Rome.

Mais la tâche orléanaise n'était pas achevée : c'est vers Rome, désormais, qu'Orléans regardait ; dans les « panégyriques » annuels, — le mot devint officiel en 1855, — c'est à l'adresse de Rome que certaines aspirations se formulaient et que certains vœux s'esquissaient.

Presque tous les orateurs sacrés qui eurent un rôle dans la seconde moitié du dix-neuvième siècle montèrent dans la chaire d'Orléans. On y avait entendu en 1819 Frayssinous, en 1827 Parisis, le futur évêque d'Arras, en 1844 le futur cardinal Pie ; on y entendit en 1860 et 1867 Freppel, plus tard évêque d'Angers ; en 1862, Perreyve ; en 1863, le futur cardinal Mermillod ; en 1872 et 1887, le futur cardinal Perraud ; en 1876, l'abbé d'Hulst ; en 1877, Monsabré ; en 1885, le futur cardinal Langénieux ; en 1889, le futur cardinal de Cabrières. Le maître du chœur, dont l'ascendant fut solide et durable, fut l'évêque même d'Orléans, Félix Dupanloup.

En pleine guerre de Crimée, au moment où les troupes anglaises fraternisaient avec les nôtres, il dut, à la demande du garde des sceaux, prononcer lui-même le panégyrique, qui paraissait délicat ; et, le 8 mai 1855, Orléans l'entendit glorifier l'inspirée, l'héroïne, la martyre. L'Angleterre aujourd'hui, s'écriait-il, n'a rien à craindre de moi. C'est une grande et courageuse nation. Suffolk, Salisbury, Glacidas lui-même, comme Xaintrailles, La Hire et Dunois, étaient de rudes et vaillants hommes de guerre. Mais Dieu fut le plus fort, et Jeanne, sa fille choisie, les vainquit tous. Les Anglais seraient donc encore nos ennemis aussi bien qu'ils sont nos alliés, que les descendants du prince Noir et de Talbot pourraient m'entendre ici et ne seraient point offensés... Jeanne n'est plus de la terre ; elle appartient à la grande histoire européenne, à tout ce qui a un cœur noble, en Angleterre comme en France ; elle appartient à l'humanité tout entière.

Ce discours marquait une date : dans la même chaire où Senault, sous Louis XIV, s'était emporté contre les « septentrionaux hérétiques, » et où les prédicateurs du dix-huitième siècle s'étaient déchaînés contre les idées anglaises, Dupanloup, se tournant vers l'Angleterre, lui disait : Jeanne vous appartient, à vous aussi. L'évêque qui, au moment de la discussion de la loi de 1850, s'était révélé comme un manœuvrier d'élite, inaugurait, dans ce panégyrique, cette pacification des souvenirs, qui devait acheminer Jeanne vers la canonisation. Tous les chemins mènent à Rome, dit le proverbe. Il était bon pour Jeanne, et ce serait pour elle un superbe complément de réparation, que le cortège de vœux qui la conduirait à Rome, pour qu'elle y recueillît la suprême gloire, passât par Londres ; il fallait, avant d'agir sur Rome, obtenir de celle Angleterre, où Pie IX venait d'établir la hiérarchie catholique, qu'elle mit son honneur à souhaiter, elle aussi, l'exaltation de la martyre rouennaise.

Aussi Dupanloup voulut-il qu'en 1857 des lèvres anglaises lissent dans sa cathédrale l'éloge de Jeanne. Le vicaire apostolique Gillis, d'Edimbourg, déclarait en commençant :

« Je n'ai à faire qu'un aveu, et cet aveu, on l'accueillera avec indulgence de la part d'un évêque d'Angleterre, quand il ne le dirait pas en bon français : il y a une page que, pour l'honneur de son pays, il voudrait n'avoir jamais trouvé place dans l'histoire, celle qu'éclaire à notre honte le bûcher de Rouen. »

Longtemps l'Angleterre, en dépit de la réhabilitation, avait considéré Jeanne comme une sorcière ; et malgré l'admiration qu'avait affichée pour elle le réformateur religieux Wesley, malgré les orientations nouvelles imprimées à l'opinion britannique, en 1796, par l'épopée de Robert Southey, en 1818 par quelques pages d'Henry Hallam, on avait pu constater encore, en 1819, que l'historien catholique John Lingard parlait de la Pucelle avec beaucoup de mauvaise humeur. Il n'y avait plus de voix, cependant, pour s'élever en faveur du juge Cauchon, si ce n'est celle de Jeanne, — oui, de Jeanne, qui, dans l'œuvre admirable publiée en 1847 par Thomas de Quincey, demandait à Dieu, elle-même, pitié pour son bourreau. Mais avec le vicaire apostolique Gillis, le remords de l'Angleterre s'exprimait dans la chaire :

> « Un Anglais, ce me semble, doit admettre dans tout son brillant ce phénomène de vos chroniques, ou n'y voir que ténèbres. Pour lui, on ne la divise pas, la Pucelle. Eh bien ! j'aime ici à le proclamer ; je crois à Jeanne d'Arc ; je ne puis voir en elle autre chose qu'une envoyée de Dieu ; et je viens, de parmi ceux qui la brûlèrent, inscrire au temple de sa mémoire, non une apologie de ses vertus, mais l'aveu du crime de nos pères, et comme déposer au pied de sa sainte image l'offrande bien tardive d'une réparation de justice… »

Un an plus tard, en 1859, un prédicateur du clergé parisien, l'abbé Chevojon, succédait à l'orateur anglais dans la chaire d'Orléans ; il réclamait, lui, de la chaire anglaise, cette même amende honorable que le vicaire apostolique Gillis était venu apporter en français :

> « Dans sa cathédrale de Westminster ou dans toute autre, l'Angleterre ne fera-t-elle pas entendre un cri

de repentir national ? Rome alors, Rome, la mère de toutes les nations, qui peut condescendre jusqu'à retarder ici-bas le couronnement d'un de ses élus dans l'intérêt de la paix et de la soumission de ses enfants, Rome sera délivrée d'un de ses scrupules de mère ; elle pourra parler librement, et la civilisation catholique sera vengée de la plus sanglante injure. »

L'abbé Freppel, alors professeur à la Sorbonne, esquissait en 1860 un pas de plus ; il semblait solliciter de l'Angleterre qu'elle prit l'initiative, elle, de faire canoniser Jeanne.

Peut-être, dans ce monde moderne où tant de choses se préparent sous le voile qui nous dérobe la vue de l'avenir, Dieu se plaira-t-il à glorifier sa douce servante par cette couronne terrestre que l'Église réserve pour l'héroïsme de la-vertu. Peut-être l'Angleterre, revenue à la foi de ses ancêtres, comprendra-t-elle que son honneur n'est pas engagé dans une erreur dont les luttes politiques ont seules été la cause. Rien ne serait plus digne d'une grande nation que de prendre l'initiative dans une réparation qui pour elle serait un honneur, ce qui permettrait à la France d'ajouter à la gloire de sa libératrice, en joignant au culte de l'admiration et de la reconnaissance celui de la prière et de l'invocation.

La chaire orléanaise, par l'organe de Freppel, souhaitait ainsi, pour Jeanne, la couronne de sainteté. Souhait vaporeux encore, et qui semblait confiner au rêve, puisque Freppel supposait une Angleterre rentrée dans le bercail romain. Mais sept ans après, rappelé par Dupanloup pour un second panégyrique, le futur évêque d'Angers se révélait plus impatient ; Il n'attendait plus que les Anglais eussent restitué leurs consciences au siège de Pierre : pour lui, la question de la canonisation, question « délicate, » relevait de l'épiscopat de France, qui apprécierait si elle était mûre ; elle relevait du pape, qui reconnaîtrait si l'heure de Dieu avait sonné. Mais lui du moins, Freppel, « soldat obscur dans la milice du Christ, » s'attribuait le droit d'étudier cette question, « sous une forme purement hypothétique et conditionnelle ; » et son panégyrique établissait que u »Jeanne d'Arc avait pratiqué les vertus chrétiennes à un degré héroïque et que Dieu avait confirmé la sainteté de sa servante par des miracles authentiques et incontestés. »

L'heure approchait qui, pour près d'un demi-siècle, allait arracher l'Alsace à la France : une coïncidence touchante voulait que l'âme alsacienne, avant de nous laisser dans le deuil, songeât à l'exaltation de Jeanne et se fit ainsi, pour la mère patrie, l'ouvrière d'un peu de gloire. Le musée Jeanne d'Arc d'Orléans garde une lettre dans laquelle, dès 1857, le peintre alsacien Ary Scheffer écrivait :

> Si Jeanne s'appelait la Pucelle de Strasbourg, moi et beaucoup d'autres encore, nous nous serions fait un devoir de solliciter à genoux le concours de nos concitoyens pour former une immense et imposante réunion de suffrages demandant avec instance et persévérance, en faveur de l'héroïne, l'honneur de la proclamation publique et solennelle de sa sainteté par la voix du chef de l'Église. Le Sénat de l'Empire recevait en 1863 la pétition d'un Alsacien nommé Schoeffen, qui demandait que le gouvernement français intervînt auprès du pape en vue de cette canonisation. Et c'était un fils de l'Alsace que cet abbé Freppel qui le 8 mai 1867, d'un geste discret mais décisif, posait les assises sur lesquelles devait un jour s'édifier la « sainteté » de Jeanne.

Mais les ayant ainsi posées, Freppel s'effaçait : cela regarde les évêques, disait-il. En mai 1809, il s'en trouva douze à Orléans, pour écouter le panégyrique ; et l'orateur fut Dupanloup. Dix de ces prélats gouvernaient les diocèses où s'était déroulée la vie de Jeanne : Nancy, Verdun et Saint-Dié ; Tours, Poitiers et Blois ; Châlons et Reims, et ceux où la route de la Pucelle, sans cesser d'être voie triomphale, était devenue, voie douloureuse : Beauvais, Rouen. Devant eux, dans Jeanne d'Arc,

Dupanloup glorifiait « la sainteté. » Sainteté de la bergère, et puis du chef d'armée, et enfin de la victime de Rouen : ainsi se déroulait son discours. Un anglican, récemment, avait dit de Jeanne : « Un tel personnage est un soutien pour notre foi, une splendeur pour l'âme humaine, et sa place est dans les temples. » Dupanloup citait ce mot, et poursuivait : « Ce grand et solennel hommage, peut-être un jour la sainte Eglise romaine le décernera-t-elle à Jeanne d'Arc : ce jour, il m'est permis de dire que je l'attends, et que je l'appelle.»

Cet appel comportait une conclusion. Les évêques présents la tirèrent en s'unissant à l'évêque d'Orléans pour demander à Pie IX l'introduction de la cause de Jeanne d'Arc. Dupanloup avait libellé la supplique. Il y déclarait :

Ce n'est pas seulement Orléans et la France, c'est le monde entier, qui rend témoignage aux gestes de Dieu par Jeanne. Exalter la mémoire de Jeanne, ce serait payer un juste hommage à Jeanne elle-même, qui, en délivrant sa pairie, l'a préservée en même temps de l'hérésie qui la menaçait dans l'avenir ; ce serait donner un nouveau titre de noblesse à ce peuple français qui a tant fait pour la religion et pour le siège de Pierre et qui a mérité, lui aussi, le nom de soldat de Dieu ; ce serait enfin honorer l'Église et égaler à l'ancien peuple le peuple nouveau en mettant sur ses autels une sainte guerrière, comparable aux

Judith, aux Débora et aux femmes fortes de l'ancienne Alliance.

La réponse de Pie IX fut une invitation adressée à la curie épiscopale d'Orléans, pour qu'elle commençât l'examen régulier de la cause.

VIII. Comment Jeanne d'Arc devint « vénérable ».

L'horizon d'Orléans s'illuminait. Du haut de la chaire de Sainte-Croix, le 8 mai 1872, le futur cardinal Perraud signifiait aux juges de Rouen : « Dieu aussi bataillera. Vous ferez de Jeanne une victime ; il en fera une sainte et une martyre. »

Dupanloup constitua un tribunal ecclésiastique qui, du 2 novembre 1874 au 28 janvier 1876, recueillit trente-trois témoignages. L'un des témoins s'appelait Henri Wallon, secrétaire perpétuel de l'Académie des Inscriptions ; il s'était récemment illustré comme historien de Jeanne, et Pie IX le remerciait, dans un bref, d'avoir « mis en relief cette gloire insigne de la France. » Wallon, à quelques mois de distance, eut la piquante fortune d'être devant les juges d'Église le parrain de Jeanne d'Arc et devant les représentants du peuple français le parrain de la constitution républicaine.

Le dossier constitué par le tribunal d'Orléans s'en fut à Rome. Monsabré, le 8 mai 1877, disait à Dupanloup, devant la chrétienté orléanaise : « Puissiez-vous obtenir bientôt des autels dans l'église pour celle qui a déjà des autels dans nos cœurs ! » Dupanloup dépensait ses derniers mois de vie à émouvoir, en faveur de Jeanne, la France et le monde. On voyait le vieil évêque, dans cette année 1878 où la mort le fit se reposer, tendre encore ses mains à la charité française pour que dans sa Cathédrale des vitraux fussent installés, exhibant les hauts faits de la vie de la Pucelle. Quinze jours avant de succomber, il écrivait au prince de Joinville, au comte de Chambord, pour qu'ils appuyassent auprès du Saint-Siège les désirs d'Orléans.

Le futur cardinal Coullié lui succéda. Il allait souvent à Rome ; et dans chacun de ses voyages, après avoir parlé de ses diocésains, il reparlait de cette fille de l'Est qui, quatre cent cinquante ans plus tôt, avait sauvé sa ville épiscopale. On inclinait encore, à Rome, « à regarder Jeanne comme une héroïne célèbre plutôt que comme une sainte. » Vingt ans après, le cardinal Parocchi, causant avec un autre évêque d'Orléans, lui dira :

Il faut vous le confesser, la sainteté de Jeanne, ici, en étonne plusieurs. Cette sainte à cheval, casquée et cuirassée, dont la voix excitait à la bataille, bouleverse certaines idées, comme elle bouleversa les bataillons anglais. Si c'était un homme, cela irait ; mais une jeune fille ! N'importe, ayez confiance.

Léon XIII, de bonne heure, voulut qu'on eût confiance et que l'évêque, de son audience, emportât au moins un sourire. « Quelles nouvelles du procès dois-je rapporter en France ? » lui demandait celui-ci en 1883. Et le Pape de répondre : « Dites qu'on vous encourage. »

Orléans, en 1885, sur la suggestion de Rome, ouvrit une enquête nouvelle, relative surtout à la piété populaire dont Jeanne avait été l'objet et à la réputation de sainteté dont cette piété témoignait. Avant même qu'elle ne fut achevée, Léon XIII, recevant le futur cardinal Coullié, lui lisait une lettre qu'il allait publier à son adresse : « Nous aimons à vous présager, disait-il dans cette lettre, l'heureux succès dont Dieu lui-même daignera couronner vos vœux unanimes en faveur d'une cause qui intéresse la gloire de la France entière et l'honneur de la ville d'Orléans. » Je pense, ajoutait le Pape, qu'on devinera qu'ici il est question de Jeanne d'Arc. La découverte qu'on venait de faire, dans la bibliothèque vaticane, du témoignage rendu à Jeanne, en 1429, par un clerc de l'entourage de Martin V, avait vivement intéressé Léon XIII : son attachement à la cause de Jeanne bénéficiait de cette trouvaille.

L'évêque d'Orléans quitta Rome, chargé de bons augures. Il y expédiait, en 1886, le dossier de la nouvelle enquête que l'on avait réclamée d'Orléans. Mais Orléans, tout en même temps, sollicitait l'autorisation d'en commencer une troisième, et de faire comparaître devant des juges ecclésiastiques, devant des médecins, certaines détresses qui, ayant invoqué Jeanne, se réjouissaient d'avoir été soulagées, guéries : Rome permit ce nouveau défilé de témoins, dont beaucoup savaient très peu de chose de la Pucelle, mais croyaient qu'elle leur avait été bonne ; après la science, représentée par un Wallon, la souffrance venait témoigner. Et de ces deux sortes de dépositions, on ne sait laquelle, pour Rome, avait le plus de prix.

Hors d'Orléans, la France catholique multipliait les hommages à Jeanne : le monument que, dès 1866, le cardinal de Bonnechose projetait d'élever à Rouen était dressé, en 4892, par le cardinal Thomas ; l'évêque de Saint-Dié, l'évêque de Verdun lançaient des appels pour qu'à Domrémy, pour qu'à Vaucouleurs, l'hommage de l'art ratifiât celui de la piété ; et lorsque fut posée la première pierre du monument de Vaucouleurs, la voix d'un ministre des cultes s'éleva pour féliciter l'évêque et pour saluer en Jeanne « l'image brillante et immaculée de la patrie, celle qui incarna la passion de l'indépendance et de la grandeur nationale. » Cette voix était celle de M. Raymond Poincaré.

Rome en même temps travaillait. Six ans durant, sous le regard de Léon XIII, le « promoteur de la foi, » chargé de présenter les objections susceptibles de faire ajourner la cause, fouilla les procès Orléanais pour y trouver des points faibles, et sans miséricorde il les signalait, mais cependant un mot de lui circulait, qui donnait espoir dans l'issue finale : « Dans cette noble cause, disait-il, je souhaite de vaincre, mais je désire plus encore être vaincu. » Et six ans durant, pour le vaincre, on vit se coaliser le cardinal rapporteur, et M. Captier, Sulpicien, postulateur de la cause, et les avocats.

Le cardinal Billot, à qui certains en 1878 avaient songé pour la tiare, puis le cardinal Howard, — un Anglais, — enfin le cardinal Parocchi, furent tour à tour rapporteurs. Parocchi joignait la vaste et subtile culture d'un prélat de la Renaissance aux disciplines ascétiques d'un Charles Borromée : de notre littérature et de notre histoire française, rien ne lui était étranger. Il s'était épris de Jeanne ; il devait un jour la présenter, dans une conférence de janvier 1895, comme ayant sauvé l'intégrité religieuse de la France et de l'Europe latine, et jamais voix d'Eglise ne fut plus dure pour Cauchon, qu'il accusait de s'être « prêté complaisamment à

jouer à la fois le rôle de Caïphe et celui de Judas. »
Pour élever Jeanne jusque sur les autels, les mains
de ce cardinal étaient expertes. Vingt-deux
archevêques, cent soixante-treize évêques, dix
chapitres, sur tous les points de l'univers, se
tournaient vers Rome, mendiant pour Jeanne un peu
de gloire. Deux de ces requérants s'appelaient
Manning et Newman. Le vœu de Dupanloup était
exaucé ; Freppel encore vivant pouvait se réjouir.
L'Angleterre parlait, l'Angleterre insistait. Manning
écrivait :

> Bien que descendant de ceux qui ont injustement
> condamné et cruellement fait mourir la Pucelle
> d'Orléans, je suis heureux, moi, indigne
> métropolitain d'Angleterre, de joindre mes instances
> à celles des évêques de France pour demander au
> Saint-Siège l'inscription de la servante de Dieu,
> Jeanne, au catalogue des saints. Je vois très
> clairement que Dieu a choisi cette pieuse fille et l'a
> rempli de sagesse et de force pour délivrer la nation
> française de la domination des Anglais.

Et Newman, de son côté, déclarait :

> Partout on admire le choix fait de cette humble fille
> par la divine Providence pour sauver la nation
> française. Je demande à Votre Sainteté de vouloir
> bien signer, pour le bien de la société, l'intérêt de la

religion, la consolation et la gloire de la France, l'introduction de cette cause...

Le 27 janvier 1894, sur l'ordre de Léon XIII, la Congrégation des Rites tint une séance extraordinaire, sur laquelle, pour l'instant, le plus strict secret devait être gardé. Il y avait chez tous les cardinaux, déclarait en sortant de la séance le cardinal Langénieux, « complète dilatation de l'âme. » Parocchi fit décider, d'acclamation, que le Pape serait prié d'introduire la cause ; et ce jour-là même, de son nom de famille : Joachim Pecci, Léon XIII signait le décret. Jeanne était désormais vénérable. Trois mots du Pape témoignaient que ce n'était là qu'une station pour cette gloire en marche... « Jeanne est nôtre, disait-il, *Johanna nostra est.* »

IX. Mgr Touchet, évêque d'Orléans. – La victoire d'un labeur épiscopal : Jeanne d'Arc Bienheureuse.

En cette même année 1894, Mgr Touchet devenait évêque d'Orléans. Ce fut lui qui concerta les suprêmes étapes, il dépensa dans cette besogne vingt-cinq ans de sa vie. « Vous rencontrerez des difficultés nombreuses, lui prédisait un jour le cardinal Parocchi ; mais ne vous découragez jamais. Jeanne, en casque et cuirasse, passera sous le porche de Saint-Pierre, et vous serez alors récompensé de tout. »

Le premier engagement que livra Mgr Touchet fut une rapide victoire. Il s'agissait d'établir qu'aucune intempérance de zèle, devançant le jugement de l'Église, n'avait, au cours des siècles, rendu à Jeanne un culte ecclésiastique et public Sur le vu des enquêtes faites à Orléans, à Saint-Dié, Rome en 1896 admit avec Mgr Touchet que les dévots de Jeanne avaient toujours évité cette imprudence.

Preuve était faite, ainsi, de leur patienta réserve ; mais tout en même temps les lettres succédaient aux lettres, affirmant la foi du monde chrétien dans la sainteté de Jeanne. Léon XIII voyait s'accumuler les suppliques de six cent soixante-douze cardinaux, patriarches, archevêques, évêques, de huit abbés ayant juridiction, de soixante-trois chefs d'ordres, de huit recteurs d'universités : il concluait, de cette unanimité d'élan, que la réputation de sainteté de la vénérable était définitivement établie. Pas besoin, dès lors, d'une nouvelle enquête. « Qui puis-je charger de veiller, ici, sur la cause de Jeanne ? lui demandait Mgr Touchet. — Chargez-en le Pape, » répondait Léon

XIII. Et confiant dans un tel veilleur, l'évêque d'Orléans rejoignit son Val de Loire, pour se remettre au labeur.

Le procès qu'alors il ouvrit fut consacré à l'étude détaillée des vertus de Jeanne et à l'examen des grâces ou miracles dont la piété populaire lui faisait honneur. On vit reparaître, a ce procès nouveau, le témoignage de Henri Wallon. Puis d'autres historiens comparurent, M. Marius Sepet et M. Baguenault de Puchesse, M. l'abbé Debout et le P. Ayroles. Godefroid Kurth arriva de Liège ; et de Londres accourut le P. Wyndham, historien anglais de Jeanne, et qui devait, douze ans plus tard, dans la chaire de Reims, célébrer sa béatification. En réponse à une question posée par Rome, Léopold Delisle attesta, ainsi que M. Marius Sepet, que la publication des deux procès de Jeanne, faite par Quicherat, méritait créance.

D'autres séances se tenaient, d'un tout autre aspect. On y parlait de deux ulcères brusquement disparus, d'une ostéopériostite chronique tuberculeuse subitement guérie, et des médecins discutaient.

Rome à son tour discuta. Avec le temps, la cause de Jeanne passait en d'autres mains. M. Captier, devenu supérieur général de la Compagnie de Saint-Sulpice, avait obtenu que la besogne de postulateur fût confiée à la douce et fine ténacité

119

d'un autre sulpicien, M. Hertzog ; le cardinal Parocchi, mort en janvier 1903, était remplacé, comme rapporteur, par le cardinal Ferrata ; et puis, au mois de juillet de cette même année, le XXe siècle naissant, à qui Léon XIII avait révélé ce qu'était l'Église, sentit le vide qu'il laissait.

Léon XIII était déjà malade à la date du 19 juillet 1903, où devait se tenir la « congrégation générale sur les vertus héroïques de Jeanne ; » il regretta qu'il fallût l'ajourner. Il eût aimé, pour sa vie, ce coucher de soleil. Trois jours après, il mourait. La congrégation se tint en novembre ; un décret de Pie X, le 6 janvier 1904, proclama que Jeanne avait « pratiqué à un degré héroïque les vertus théologales et cardinales. » La lecture du décret fut solennelle. La France, à cette date, était encore présente dans cette Rome papale dont notre vieux Montaigne avait dit : « Elle mérite qu'on l'aime, confédérée de si longtemps, et par tant de titres, à notre couronne. » M. Nisard, ambassadeur de la République Française auprès du Saint-Siège, se tenait aux premiers rangs de l'assemblée, lorsque, le décret ayant été lu, l'évêque d'Orléans remercia le Pape pour le témoignage rendu à « la plus fameuse et la plus populaire des vénérables, » et lorsque Pie X tira de la vie même de Jeanne certaines leçons pour la France.

Il n'y avait plus d'ambassade, à Rome, le 13 décembre 1908, quand un second décret pontifical fut lu, relatif aux affaires les obtenus par l'intercession de la vénérable Jeanne d'Arc ; » mais la France, ce jour-là, eut une autre façon d'être présente. Sur trente-six vénérables que Rome s'apprêtait à qualifier de bienheureux, trente-cinq étaient, soit des Français, soit des Chinois préparés au martyre par des missionnaires de France. Mgr Touchet commentait ce spectacle avec une admirable allégresse d'accent ; il groupait autour de la gloire de Jeanne toutes ces autres gloires. Pie X répondait en célébrant la France, « grande parmi les nations. »

Les faits se hâtaient : cardinaux et Pape, en janvier 1909, déclaraient qu'on pouvait procéder en sécurité à la béatification de Jeanne, et le 18 avril 1909, à Saint-Pierre, devant soixante-trois évêques de France, Jeanne fut proclamée bienheureuse, « dans des fêtes d'une splendeur toute romaine et d'un enthousiasme tout français. » Ainsi les caractérisait Mgr Touchet : après les avoir suscitées, il avait le droit de les définir.

Le soir même, dans une réception donnée par les postulateurs de la cause, deux évêques anglais se levaient, pour faire réparation au nom de l'Angleterre, et pour lire une lettre du futur cardinal Bourne sur la « revanche de Jeanne, » — sur cette revanche que les diocésains mêmes de Westminster se disposaient à souligner en faisant installer dans leur cathédrale une mosaïque représentant la Pucelle.

Et le lendemain, au Vatican, lorsque l'éloquence de l'évêque d'Orléans eut présenté au Pape les pèlerins français, « papistes et romains, et vrais Français de France, » Pie X leur parla de la patrie, « digne non seulement d'amour mais de prédilection. »

Le geste suivit la parole : un drapeau français était là ; le Pape se pencha vers ses plis, et y porta les lèvres. Quatre ans plus tôt, parmi les législateurs qui avaient séparé l'Église et l'Etat, un certain nombre avaient eu cette illusion, qu'il suffirait de leur propre vouloir pour décréter et pour obtenir que la société civile et la société religieuse s'ignorassent réciproquement : Jeanne, entre elles deux, se dressait comme un lien ; et le chef de la société religieuse attestait, en ces journées consacrées à Jeanne, qu'il refusait, lui, d'ignorer la France. Il augurait même, et bientôt, dans les fêtes qui pour Jeanne se célébraient à Reims, le cardinal Mercier augurait à son tour, que « l'avenir heureux de l'Eglise de France, garanti par Jeanne, n'était pas un beau rêve seulement ; mais une réalité. » Et dans les oraisons liturgiques que Rome faisait rédiger pour la messe de Jeanne, l'Eglise demandait, « pour tous ses enfants, victoire sur tous leurs ennemis cachés ou découverts, et paix inaltérable. »

Devant Notre-Dame de Reims, cathédrale du sacre, le grand sculpteur Paul Dubois avait, en 1896, fait chevaucher Jeanne ; en 1909, c'est sous les voûtes mêmes de la basilique que soixante-dix châsses de saints, solennellement promenées, faisaient cortège à son étendard ; il semblait que les vieux saints de France, présents dans leurs reliquaires, voulussent l'introduire dans leur lignée, comme elle avait elle-même, sous ces mêmes voûtes, fait entrer Charles VII dans la lignée des rois.

Cependant commençait de circuler, dans les archipels océaniens qu'évangélisent nos Maristes, une goélette qui s'appelait goélette Jeanne d'Arc : c'était un archevêque anglais, le cardinal Moran, de Sidney, qui la bénissait. Après avoir, dès 1871, écrit en anglais une des premières vies populaires de Jeanne, il lui dédiait une église, en Australie. Jusqu'aux antipodes, l'Angleterre rendait hommage à Jeanne : la diffusion même du nom anglais profitait au nom de la Pucelle. Les panégyriques Orléanais de 1855 et 1869 aboutissaient à ces triomphes, les clairvoyants desseins de Dupanloup s'accomplissaient.

X. La victoire d'une souffrance épiscopale : Jeanne d'Arc, « Sainte de la Patrie ».

Mgr Touchet désirait les mener à leur terme, et que, de bienheureuse, Jeanne devint sainte. « Quand j'ai ouvert la procédure, avait-il dit un jour à Léon XIII, je savais avec tout le monde que Jeanne avait été le plus beau des chevaliers, mais en était-elle le plus saint ? Je le sais maintenant. Que de fois les juges et moi, tandis que nous recueillions les dépositions, nous nous sommes regardés, disant : Se peut-il que Dieu ait créé une âme pareille ? Aussi quand Votre Sainteté béatifiera Jeanne, dès le lendemain, avec sa permission, je poursuivrai la canonisation. — *Benè*, avait répondu le Pape. L'évêque d'Orléans considérait que ce monosyllabe traçait à jamais sa route. Il constatait d'ailleurs, à la fin de 1910, qu'il y avait déjà vingt mille statues de Jeanne dans les églises : la voix du peuple fidèle le pressait, elle le poussait.

Désormais, cependant, les initiatives humaines n'étaient plus de mise. Pour que la canonisation pût survenir, il fallait que des faits se produisissent qui pussent être considérés comme des « grâces merveilleuses obtenues par l'intercession de Jeanne. » Mgr Touchet, maintenant, ne disait plus à ses collègues de l'épiscopat : Parlez au Pape de la cause de Jeanne. Invoquant d'autres influences, il visait, au-delà des grilles conventuelles, les foyers où la prière collective s'allume, et il recommandait la cause de Jeanne pour que, d'urgence, on en parlât à Dieu. Cela fait, il n'avait plus qu'à chômer, en attendant, en guettant.

Son chômage fut assez bref. On lui présenta, bientôt, un certain nombre de cas, pour lesquels on croyait pouvoir risquer la qualification de miracles. Il obtint de Rome, en février 1910, la permission de les faire examiner. Il était homme prudent, d'ailleurs, — prudent comme la Pucelle, qui souriait, on s'en souvient, lorsque autour d'elle la ferveur populaire construisait avec trop de pétulance de trop merveilleuses histoires. Parmi les faits présentés, deux seulement furent retenus par le tribunal ecclésiastique d'Orléans : « la guérison instantanée et parfaite d'un mal plantaire perforant ; la guérison instantanée et parfaite, » obtenue à Lourdes par l'invocation de Jeanne d'Arc, « d'une tuberculose péritonéale et pulmonaire et d'une lésion organique de l'orifice mitral. » Rome, en novembre 1911, fut officiellement saisie de ces deux phénomènes.

Dans la poursuite des œuvres de longue haleine auxquelles un ouvrier s'attelle avec toute son âme, une période parfois survient où il les sert par sa souffrance : certaines pages de Mgr Touchet nous laissent pressentir qu'il traversa cette période-là.

Que les médecins convoqués par Rome épiloguassent longuement sur le diagnostic du mal plantaire, c'était leur droit et leur devoir. Mais l'autre fait, celui qui s'était déroulé à Lourdes, donnait lieu à des suppositions d'un autre ordre. L'esprit de suspicion, lorsqu'il dépasse certaines bornes, devient la caricature de l'esprit de vigilance : à l'égard de Mgr Touchet, ces bornes furent un instant dépassées. Des bruits circulèrent, d'après lesquels l'évêque d'Orléans, profitant d'un pèlerinage de Lourdes, aurait là-bas, par une sorte de machination, fait tourner à l'honneur de Jeanne la retentissante guérison de la malade tuberculeuse. En son âme loyale, ces attaques retentissaient comme une douloureuse offense.

Dans la congrégation des rites, la majorité des consulteurs les négligea : les conclusions de l'évêque d'Orléans furent acceptées. La parole était à Pie X. A quelques semaines de distance, durant lesquelles, pour Mgr Touchet, l'angoisse suprême précéda l'espérance sereine, on apprit que le Pape suspendait la cause et jugeait inutile d'écouter à nouveau l'évêque d'Orléans, et puis qu'impressionné par les propos d'un avocat, il ordonnait de la reprendre... La mort surprit Pie X dans ce dernier élan, qui dans Orléans ramena la joie.

D'une main sûre, Benoit XV ouvrit tout le dossier. Silence aux bruits du dehors : le Pape, personnellement, allait entrer en contact avec les plus menus détails de la cause. « Qui sait ? disait-il dès décembre 1914 à Mgr Touchet, Dieu me réserve peut-être de canoniser votre bienheureuse Jeanne d'Arc. » Il pacifia les palabres médicales en convoquant un nouvel avis ; il dissipa, par un examen personnel, les bourrasques théologiques. Le 18 mars 1919, dans une séance solennelle que Benoit XV lui-même présidait, il fut décidé que les deux « grâces » imputées à Jeanne par la curie épiscopale d'Orléans méritaient d'être retenues. Quinze jours plus tard, un décret du Pape confirmait cette décision : le 6 avril, en présence du pèlerinage français des veuves de la guerre, Benoit XV fit savoir que Borne pensait, des deux guérisons, ce qu'en pensait Orléans Mgr Touchet acclamait le Pape, et le Pape acclamait la France, en regrettant de n'être français que par le cœur. Et le 6 juillet suivant, Benoit XV prononçait, définitivement, qu'il pouvait être procédé en sécurité à la canonisation de Jeanne d'Arc. Dans tous les sanctuaires où Borne règne, dans les églises, dans les âmes, la libératrice d'Orléans allait bientôt être honorée comme une sainte.

La Sainte de la Patrie ; tel est le titre des deux volumes dans lesquels Mgr Touchet nous apporte aujourd'hui la biographie psychologique de l'héroïne, et qui doivent à la personnalité de leur auteur une valeur unique. Ce narrateur des gestes de Jeanne commença par en être le juge, juge qui n'avait pas le droit d'être partial, et qui devait, dans le miroir de cette âme, épier les défauts, et chacun de ses jugements expirait en un acte d'hommage. Le juge de Jeanne, alors, s'érigea en chevalier de Jeanne, devant toute l'opinion chrétienne, devant les consulteurs romains, devant trois papes successifs. Pour la défendre mieux, il se familiarisait de plus en plus avec elle : c'est par elle-même qu'il se faisait aider, pour l'aider à son tour. Personne n'a, plus que lui, fouillé les incomparables volumes de Quicherat. Mais ce n'est pas seulement en érudit qu'il les connaît. Ayant longuement, comme juge d'Eglise, observé Jeanne, noté ses attitudes, scruté ses réponses, et pénétré, derrière la limpidité de sa conscience, les mystères augustes de sa vie intérieure, il affina dans cette besogne son expérience religieuse de l'âme de Jeanne, expérience d'un théologien habitué à regarder *sub specie æternitatis* les efforts humains vers la sainteté. De là, l'originalité de cette œuvre, qui reconstitue sous nos yeux vingt-cinq ans d'intimité spirituelle, et qui nous fait discerner, avec plus d'autorité qu'aucune autre, comment l'Église regarde Jeanne et comment elle la voit, comment l'Eglise écoute Jeanne et comment elle l'interprète. La gloire religieuse de Jeanne, en même temps qu'elle trouvait dans Benoit XV son défenseur, a trouvé dans Mgr Touchet son exégète. Il convenait qu'Orléans, au terme d'un labeur près de cinq fois séculaire, revendiquât comme un dernier honneur la lâche d'expliquer cette gloire : son évêque s'en est chargé, et l'a lumineusement remplie.

Rome, jusqu'aux jours d'hier, interrogeait Orléans pour mieux connaître Jeanne : à présent, dans la chaire de Sainte-Croix, des échos de Saint-Pierre de Rome se répercutent. « Rome parle, et ses sentences sont aussi de l'histoire, » écrivait en 1911 M. Gabriel Hanotaux. Les voilà désormais incorporées à l'histoire de Jeanne, telle que la retrace Mgr Touchet, comme un suprême élément d'appréciation, et comme la formule définitive de l'opinion publique chrétienne.